朦阁读书
TENGGE READING

讲故事的教育

主　编：杨雪梅
副主编：卢桂芳　高　龙
　　　　韩艳颖　邹雪莉

江西教育出版社
JIANGXI EDUCATION PUBLISHING HOUSE
·南昌·

赣版权登字-02-2023-292

图书在版编目（CIP）数据

讲故事的教育 / 杨雪梅主编. —— 南昌：江西教育
出版社，2023.10
ISBN 978-7-5705-3750-1

Ⅰ.①讲… Ⅱ.①杨… Ⅲ.①班主任工作－研究
Ⅳ.①G451.6

中国国家版本馆CIP数据核字（2023）第149289号

讲故事的教育
JIANG GUSHI DE JIAOYU
杨雪梅 主编

江西教育出版社出版
（南昌市学府大道299号　邮编：330038）

出 品 人：熊　炽
责任编辑：曾　琴

各地新华书店经销
江西赣版印务有限公司印刷
880毫米×1230毫米　　32开本　　7.5印张　　153千字
2023年10月第1版　　　2023年10月第1次印刷

ISBN 978-7-5705-3750-1
定价：38.00元

赣教版图书如有印装质量问题，请向我社调换　电话：0791-86710427
总编室电话：0791-86705643　　编辑部电话：0791-86708350
投稿邮箱：JXJYCBS@163.com　　网址：http://www.jxeph.com

序

再进一步，让成长更精彩

2019 年元旦那天，《中国教师报·教师成长周刊》主编宋鸽走进了山东荣成。宋主编这次采访关注的是"一个特教老师发起的教师读写共同体究竟是如何实现爆发式的成长，又是如何把这种成长之光不断地蔓延到学生、家长身上的"。那时，我所组建的雪梅读写团队刚刚成立一周年，老师们已在各类教育报刊上发表了 100 多篇文章，并在荣成市范围内开展了 30 余场公益读写指导活动。

雪梅读写团队中，教师发展的"质"和成长的"量"在国内都首屈一指。在外界看来，我完全可以安安稳稳地"躺平"在现有的成果上，但习惯了思考更习惯了行动的我，却不想就此止步不前。"如果老师们只是碰到了什么教育事件就写什么，那么这样的分析研究是零散而肤浅的，下一步可不可以做更系统的成长研究？"带着这样的思考，我在一片混沌当中努力地找寻着可能的前路。

我是一个从中师毕业起就一直在特殊教育一线工作的教师，近 20 年的时间里陪伴了一拨又一拨的孩子，他们有的连自己的名字都写不全，还有的连用 10 个手指数数都有困难，这样的学习和能力状况，显然并没有让我做到教学相长。可是，我的读写团队却涵盖了从幼儿园到高中各个学段的老师，在学科专业上，我显然不具备任何引领能力。思来想去，自己唯一的优势就是在不停地应对"问题学生"和处理学生问题的过程中，通过不断阅读学习和写作思考修得了比较敏锐的问题捕捉能力和相对审慎的问题处理能力，这些能力非常有助于班主任带好一个班。

基于这样的思考，元旦那天晚上送走宋主编后，我用最快的速度发布了"组建班主任工作室，让专业成长更聚焦"的群公告，并连夜完成了工作室成员的招募工作。随后，在威海市教育局第二期教育名家工作室建设工程的启动中，我凭着多年的成长积淀，顺利成为班主任教育名家工作室的主持人。当一切条件都将我引向与班主任工作相关的这条路，我所能做的也便无他了，那就是充分利用现有的平台和资源，让更多美好的成长进一步发生。

回望四年来携手这些热爱班级、关注学生身心成长的教师走过的时光，我们虽始终处于边探索边行进的状态，但从来没有改变我们立足的基石，那就是"同读、共写、同研、共行"。《中国教师报·班主任周刊》《班主任之友》《中小学班主任》等多家报刊都对雪梅班主任工作室成长之快、成果之丰的原因做过深度报道。可当我静下心来想把光阴留下来的积淀汇编成册后才发现，除了有"读、写、研、行"做基本的行动支撑，我们还始终保持着不断向前的发展姿态，也始终都在期待着再进一步的成长精彩。

让问题进一步生成智慧

在很多一线班主任眼里，班级就是问题频发的地方，纪律问题、心理问题、学习问题、习惯问题……每一种问题都让人难以招架。时间久了，教师教育的耐心和激情会很容易被湮没在繁复的问题当中，进而滋生出倦怠。

在雪梅班主任工作室建设过程中，我采用了"问题聚焦"的写作模式来做群体研究，即把教育改革发展中的热点问题、学生发展中的棘手问题、班主任成长中的困惑问题化成一个个的问题串，然后每周从串上撷取一个点作为老师们的共研共写话题，通过写作来深挖问题成因，找寻化解契机。以"学生沉迷网络"这种相当普遍的成长现象为例，我就先后策划了"学生网游成瘾的心理动机及应对""学生沉迷于刷短视频如何化解""学生迷恋网红怎么办""学生朋友圈里为什么常有'火星'语言出现"等十几个问题点作为共写的主题。

这种模式在最初运作时，老师们很难适应，他们会以"我从来没有碰到过这样的问题""这种事在我的班级中不曾发生过"作为无从下笔的理由。我坚定地告诉大家："我们需要的不是去做经验总结，而是从此时此刻启动自己的思考：以前处理类似事件时，我的依据是什么，是否还有改进的空间？如果以后碰到这种问题，我该从哪里探因，又该如何理性地应对？"这种集体预设性写作的好处是既能在问题发生之前做积极的应对考量，又能在共写中相互参照、借鉴，积累丰富的化解疑难问题的经验。

所有的绽放都是种子在时光中慢慢孕育、悄然拔节的见证。四年来，对几百个小问题的深思细研，让工作室的班主任们充分感受到了化问题为智慧的充实和能量。他们的思考越来越有深度，越来越成体系；他们所带的班级越来越有温度，越来越有活力；他们在班级中挺立的姿态越来越坚定，工作也越来越有乐趣。再进一步，我们真的会领略到别样清朗的教育风景。

让家校进一步凝汇合力

"不怕碰到'熊孩子'，就怕碰到难缠的或者不合作的家长！"提及班级管理，很多班主任最头疼的莫过于要和形形色色的家长打交道。

当我以教师和家长的双重身份重新审视家校关系后发现：一方面，班主任常常抱怨家长不配合、难沟通；另一方面，家长又在高期待中不时地抱怨着老师教育水平差、沟通方式很生硬。其实，教师和家长的目标朝向高度一致，都是希望能教育好孩子，让孩子得到更好的成长，双方的关系应该是合作发力而不是互相推诿指责，而班主任必须是这条关系线上的掌舵人、凝心者。

我和班主任们以研究的姿态，一方面着眼于小点去思考问题，比如"碰到了难缠的家长怎么办""与各种类型的家长沟通需要哪些技巧"等，基于班级管理中的实践案例去提炼问题，开展"智慧众筹式"的研讨，把与不同性格特点、不同学识背景、不同心理禀性的家长沟通的"道"和"术"进行研究和验证；另一方面，我们还基于大的层面进行整体策划，比如"'互联网+'模式下的家校合作育人探索""'双减'背景下如何让家校共育更有成效"等，以课题和成果研究的方式构建系统的研究框架，带动不同的学校和班级参与到实践当中，助推家校教育合力的形成。

校与家、教师与家长，绝对不应该是对立的存在，而是要拧成合力的两股绳。再进一步说，基于人性和心灵，多洞察一些沟通需求，多掌握一些适当共情、充分理解的沟通技巧，这样的班级建设进程才能充满蓬勃的生机和力量。

让故事进一步生发精彩

班级就是一个故事的孕育场，每天都有数不清的"大事小情"发生。作为班主任，如果我们把这些事件看作"事故"的话，就会有始终身处麻烦堆儿的感觉，不停地去盯防，去应付。可如果我们转换角度，就能从不同的事件当中解读成长的心灵之音，通过不同的言谈举止洞悉发展的独特规律，在不断化解纠纷矛盾中提升教育智慧，那么，那些琐事和麻烦便有了生发精彩的可能。

在雪梅班主任工作室建设的过程中，一方面，我会引领老师们写下班级故事，通过文字的记录加工来对事件进行复盘，进而悟得育人启示，表达教育主张；另一方面，我也会培养老师们转换视角思考问题的意识，将故事当中内隐的多重教育意蕴最大化地挖掘出来，进而提升自身的职业敏感力、理解力和判断力。

很多老师在教育写作这条路上犯了眼高手低的错误，他们往往以"有用"为尺度，总希望一出手就能写出高水平的学术论文来作为职称评审和各种荣誉评选的支撑材料，但往往又苦于头脑空空，最终便搁浅在了"想写又写不出来"的沙滩上。与诸多老师们的认知和行动正好相反，我恰恰是带着工作室成员以班级教育叙事为起点，一步一步走向研究的"春天"的，即由基于现象描述的故事写作进阶到借助故事呈现理性思考，最后才进入基于共性问题的聚焦式研写模式。

以"故事"为助推思考、助力研究之线，我们化烦琐为智慧，化凌乱为系统，最终在自己的专业成长之路上步步进阶，让班级建设的支架越来越粗壮、坚实。

让心灵进一步趋近光亮

有一个现象值得我们所有教育人去关注——如今社会各界相当重视学生阳光心灵的培育，但学生成长过程中五花八门的心理问题一直是教育的痛点。虽然每所学校、每个班级都在推行课程引领、活动调节、个案辅导等多样化的健康心灵培育模式，但鲜少有人能够真正读懂孩子内心的所思、所想和所需。也就是说，我们教育的"供"和学生心理发展的"求"是不匹配的。

这些问题的化解，绝非简单地在学生身上发力便能实现，还需要提升教师的"读心""育心"能力。这种提升也不是教师参加几场培训或读几本书便能做到的，更需要教师站在学生成长的场域里观察、捕捉、思考、行动。因此，雪梅班主任工作室始终致力于通过多样化的手段提升班主任的心理健康教育能力。

首先，我们会借助事件来解读孩子的成长需求。班级中的"大事小情"，工作室的老师们都会一步步地去探寻问题成因，解读心灵的隐性表达，反思得失成败，找寻化解方法，其基本思考模式为"发生了什么—为什么会这样—得到了什么经验或教训—如果尝试不同的方式会怎样"等。这一连串的追问下来，教师的心育敏感性和智慧度将大大提升，自然也就更容易感知孩子的内心需求，从而按需补养。需求被关照、被满足了，心灵上的阴影自然会大面积缩减甚至消失。

其次，我们会牵引着理论回到班级去验证或实践。如何优化学生的意志品质，增强学生的抗挫折能力？如何帮助学生培养积极情感，调节消极情感？怎样根据学生的气质类型进行班级管理和教育？……要为这一系列的心理发展问题求解，教师就得先去主动学习，弄明白基本的心理概念和理论内涵，然后再与班级育人实践相结合，找寻二者之间的关联之处并思考具体操作时可能出现的触发点，继而进一步去落实行动，优化实践。当班主任理解了心理发展的历程和独特性，以更富有智慧的教育方式去滋养生命成长，自然就能够培育出茁壮健康的心灵之花。

借着事件进一步走进心灵，满足需求；借着理论进一步回归心灵，破解疑难。每向前一步，其实就意味着正在成长的心灵中的光亮又多了一分！

让成长进一步凝聚丰盈

在一次市级名班主任评选的答辩现场，评委老师对其中一位选手说："你一定是来自雪梅班主任工作室的，因为你清晰地知道自己已有的基础是什么，对学生成长研究、班级建设规划、自我成长定位以及对他人的辐射带动都有切实可行的梯度计划，而不是停留在浅层次的如何读书成长、如何开展班级活动上……"确实，一名对专业成长缺乏追求的班主任，很难走一步看三步、有规划地行进；一名对成长的定义仅仅停留在获取外在光环层面的班主任，也基本不会沉下心来做全盘发展的规划考量。幸运的是，工作室里那些对教育和班级充满了热爱、对成长和蜕变充满了渴望、对学习和思考充满了热忱的班主任，始终都没有被湮没在盲目混沌的追逐中。

车英老师是我在特殊教育学校工作时的同事，她45岁那年选择加入我的工作室时，周围的人都很不看好这种"瞎折腾"。"想成长早干吗了？都这么一把年纪了……"当厌倦了一成不变的教育生活和毫无长进的那个自己后，车老师意识到了成长的重要性。她的行动便有了义无反顾的坚决——以"啃读"的方式走进一本本教育著作中，以不断行走的姿态拓宽着自己的教育视野，以一篇又一篇的文字梳理让自己的育人思考走向纵深……任何一粒经历过自我挣扎和时光洗礼的种子都能有强劲的生长力。三年时间，我看到的是她从一名普通的特教老师一步步成长为教学能手、优秀班主任，《德育报》曾用了整个版面对她的带班育人经验进行宣传推广。"我会沿着这条成长路专注地走下去，不断迈进的感觉让我感受到了生命的丰盈与自我的可为！"真的，不论什么年龄、什么起点，再进一步，人生都有重新结果的可能。

与车英老师的自我启动稍有不同，李竺姿是我从几千名乡村学校班主任中"扒拉"出来并且重点培养的种子选手，因为我很想看看，当一名不安于现状、有冲劲的老师得到了恰当的引领后会发生什么样的"化学反应"。

"能不能介绍我认识李虹霞老师？我没听够她讲的'幸福教室'的故事！"当一提读书就犯困、一提写文章就头疼的竺姿缠着我"牵线"时，我告诉她："李老师工作特别忙，不可能有空回你消息。她写过《创造一间幸福教室》这本书，你可以找来看看，比她今天的讲座更生动、翔实！"当她买来书开始阅读后，我又鼓励她"结合自己班的实际情况，打造一间乡村的幸福教室"。"美国有一位叫雷夫·艾斯奎斯的老师，李虹霞老师正是受了他所著的《第56号教室的奇迹》的启发才有了后续的一系列行动……""你看，你的乡村幸福教室里也有这么多精彩的故事，试着写下来，我帮你改改，让更多的人看见。"……就这样，我一步一步地引着这名年轻的班主任，基于乡村教育的缺失进行着各种尝试。在短短三年时间里，她的乡村幸福教室就吸引了《中国教师报》等多家媒体的关注和报道；她所开展的"星火"家庭教育志愿服务项目，成功地将农村家长从教育的旁观者转变成了孩子成长的有力参与者；她所组建的校级班主任成长共同体，已经开始带动更多人的成长和研究……一步一个脚印，每一步都有精彩进阶和丰盈收获。

在雪梅班主任工作室里，各具特色却同样精彩的成长案例比比皆是。何谓成长？在我看来，专业成长绝不是将自我带到某一高度后的功成名就，而是一种不断向前、不断追寻的生命状态。进一步，再进一步，成长的路上就有了许多不可预知的美好！

借着第二期威海教育名家雪梅班主任工作室成长书系出版之际，我想让所有的班主任看见这样一种力量——进一步，便能育出精彩；进一步，便能刷新自我；进一步，便能接近卓越；进一步，教育生命才能更加充实多彩！

雪　梅

2022 年 11 月于威海荣成

目录

第三章　搭一个台阶

第四章 不妨转个弯

第五章 另一种绽放

后记

第 一 章
生活悟教育

　　生活处处皆教育，生活即教育。一个
有心的教育人，总能从生活中的大事小情
里看到教育的身影，也总能透过独特的视
角向事件借力去品悟教育、思考教育，进
而优化教育。

由两盆蝴蝶兰想到的

孔金妮

家中的两盆蝴蝶兰长花茎了，我小心地把长势喜人的那盆搬到了客厅，选了一个既通风又向阳的地方，让它开始了新生活。不负我所望，由于客厅温度比阳台高，一周的时间，客厅里那盆蝴蝶兰的花茎便长高了许多，而阳台上的蝴蝶兰好像一点儿也没有长高。又过了一周，客厅里的蝴蝶兰开始长出一串串可爱的小花苞。我在惊喜的同时，格外关照它，怕它"口渴"，每天给它喷喷水；怕它落尘，每天给它擦擦叶子，希望早日见到它开花。

可事与愿违，一天，我突然发现两朵即将开放的大花苞枯萎了。我心痛不已，咨询了养蝴蝶兰的行家，才知道室内夜晚温度偏高，高温对蝴蝶兰进行了"强催"，导致花苞"胎死腹中"。而阳台上的那盆蝴蝶兰，花茎长得很慢，但花苞很多，也很健康。果然，3月初，阳台上的那盆蝴蝶兰终于开出了我期待已久的第一朵花。

两盆蝴蝶兰的成长，引发了我的深思，让我联想起2003年被中国科学院退学回家的20岁"神童"魏永康。他的学习之路可谓一帆风顺，他17岁时就考上了中国科学院的硕博连读研究生，让人惊羡。不过，这位"神童"虽然智力超群，但从小学到大学，他的生活都是由他母亲一手包办的，这使他完全无法独立地安排自己的学习和生活，情商几乎为零。他经常一个人窝在寝室里看书，却忘了还要参加考试和撰写毕业论文。他还有一门功课被记零分，没写毕业论文也最终让他失去了继续攻读博士的机会。由于长期生活不能自理，并且知识结构不适应中国科学院高能物理研究所的研究模式，2003年8月，已经读了三年研究生的魏永康被劝退。他的母亲追悔莫及……

魏永康的经历与我客厅里养的那盆蝴蝶兰何其相似！我对它的"强催"忽视了最根本、最本质的生长"孕穗期"。人类是最善于反思和纠错的群体，但时光不能倒流，魏永康的人生不能重来。这个深刻的教训告诉我们："强催"式的教育不能要，我们不能让魏永康的悲剧重演！

教育是农业，农作物的生长是有规律的，儿童的认知同样是有其客观规律的，认知的建构是一个不可或缺的过程。面对正处于成长阶段的孩子，任何想立竿见影、急于求成的做法都是不明智的。慢是教育的真谛。这是著名教育家叶圣陶先生告诉我们的教育真谛。从长远看，"慢"育，才能开出美丽的花朵。

让我们"慢"下来，将教育的事业做实；让我们学会等待，让孩子打好人生幸福的根基！

（原文发表于《教育文摘周报》2020年7月1日）

抚平"信任"这张纸

曲艺宁

一个风和日丽的傍晚,我与四个学生说笑着走进了一家餐厅,只为兑现学期初对学生的承诺:每学期期末班级表现最好的几名同学将与老师共进晚餐。我让学生点好餐后,便与他们拉起了家常。小崔感慨了一句:"还是老师言而有信!不像我爸妈,每次答应我的事儿,说完也不算数!""哦?爸妈答应过你什么了?"见我询问,小崔开启了吐槽模式:"老师,您知道吗?我爸妈特别喜欢给我承诺,他们答应我很多事情,但是每次都不兑现。上次,我喜欢一双新款球鞋,本来他们答应我考试进步五个位次,就给我买一双;结果,我进步了八个位次,再去问爸妈,他们却不认账了。我心里很郁闷,感觉自己的努力白费了!而且,像这样失信的事情远不止一件。所以,现在他们说什么,我都不相信了!"其他三个学生也七嘴八舌地说出父母不兑现诺言的遭遇。

我不禁联想到前不久看过的电视剧《少年派》中的某个片段:林家女儿从小就被父母视为掌上明珠,但学习成绩一直欠佳。为了激励女儿努力学习,林爸信誓旦旦地承诺:只要下次考试各科都及格,就给孩子发学习进步奖金——1000元!为了这笔奖金,林家女儿拼尽全力，取得了前所未有的好成绩——年级第 50 名。可是，当女儿兴高采烈地要父母兑现进步奖奖金的承诺时，却碰了一鼻子灰。最终经过讨价还价，林妈只给了女儿 100 块，并且理直气壮地反驳女儿："你考试及格我就给你 1000 块，那么你将来考上清华北大我是不是要倾家荡产啊？"这件事让我意识到，父母失信于孩子绝对不是个别现象。家长若不及时改变，不仅会挫伤学生的上进心，而且会影响他们正确的人生观与价值观的形成。学生的三观尚处于形成的阶段，父母的言谈举止很容易给孩子的成长留下不可磨灭的烙印。于是，借召开家长会之机，我与小崔的父母私下聊起了这个问题。听到此事对孩子带来的负面影响，小崔的母亲懊悔不已："我本来只是随口一说，没想到孩子当真了，还把这事告诉了您，看来他真的伤心了。现在他很少与我沟通，老师您说我该怎么办？"

不可否认，父母在对孩子做出承诺的时候，大多是出于真心的，或是为了缓和亲子关系，或是为了激励孩子奋进。但他们往往感情用事，轻易对孩子做出承诺。孩子一旦达到了父母期待的目标，父母却又找出各种借口，不肯兑现承诺。虽然这样的承诺当时也许的确起到了激励孩子进步的作用，但是失信于孩子，却给他们的心灵造成了一定的伤害。因为，对于未成年的学生来说，对父母的信任是他们人生的重要支点。一旦他们的付出被辜负，原来建立在高位上的交换规则就会被打破，他们会依据自己的所得来重新建立规则，以使自己的付出更加"划算"。而当孩子长期被父母"爽约"，发现自己不管如何努力父母都不兑现承诺的时候，他们就可能丧失斗志，进而与父母的关系逐渐疏远，最终放弃所有的努力。

美国社会学家林·扎克曾说过："父母是子女最亲近的人，也是最值得信任的人。"父母对子女的承诺背后，反映的是他们对孩子的用心。父母不兑现承诺，是对孩子的恶意索取；父母对孩子信守承诺，则是对孩子爱和关怀的高度表现。孩子看中的往往不是父母承诺了什么，而是父母信守承诺的行为。

看着小崔母亲期待的目光，我为她开出了"三剂药"。第一剂，"后悔药"。针对不信守承诺这样的行为，父母郑重地向孩子道歉，争取获得孩子的谅解，道歉的行为要具体、明确，说明因为什么道歉，自己哪里做错了，并要请求孩子谅解。道歉的态度要诚恳，不要为自己找太多借口。很多家长会以"对不起，爸爸／妈妈……但是我是因为……而……"的句型向孩子道歉，这会让孩子认为父母道歉只是表面功夫，根本没有认识到错误，而是在为自己的错误找借口。第二剂，"重启药"。要求父母下一次许下承诺的时候，只能答应孩子合理的且是家长能力范围之内的要求，拒绝孩子提出的无理要求。在许诺孩子的合理要求后，一定要遵守诺言，按时兑现自己的承诺。家长要以身作则，言出必行。第三剂，"连心药"。如果实在是因为客观原因无法兑现承诺，家长一定要说明缘由，争取得到孩子的理解，不要让孩子留下心结。

有一位心理咨询师说："父母与孩子的关系模式是孩子与其他人建立关系的基础。"在父母的欺骗下长大的孩子，没有安全感，不愿相信他人，对别人的承诺也不敢抱有期待。有人说，信任如同一张纸，一旦弄皱了，就很难抚平。但我相信，只要父母履行承诺，珍视孩子的信任感，"信任"这张纸一定会平整如新。

（原文发表于《山东教育》2021 年第 20 期）

让"第三个抽屉"自主发声

于丽英

　　我家橱柜有上下并排的三个抽屉：上面那个抽屉高度适中，方便拿取，放了每餐必用的餐具；中间那个放了经常使用的厨具；下面那个位置太低，总要蹲下来或者弯腰才能取到东西，于是便存放舍不得丢弃的"鸡肋"用品。

　　不知从什么时候起，第三个抽屉合不上了，总是留出一道缝隙。因此我就看第三个抽屉有些不顺眼，心情不好时，越发觉得那条缝隙简直是败笔，有时会故意用脚使劲把它踹进去，可是它马上又"滑溜"了出来。缝隙越来越大，我也越发不能忍受，于是向老公发出"通牒"——必须找人来修好它。老公把抽屉拉出来，合上去，认真观察那条缝隙，发现缝隙总是两指宽。老公趴在地上向抽屉深处反复"窥探"，然后用细铁丝从里面钩出来 17 个方便袋。原来抽屉本无罪，全是方便袋惹的祸。老公站在一旁戏谑地说道："可怜的第三个抽屉，无辜承受了多少怒火，只可惜无权'选择'，无口'争辩'，无心'呐喊'！"

　　是呀，抽屉里放什么，是我这个主人随意安排的。因为我不喜欢弯腰取物，于是对第三个抽屉做了人为的定义，强制设定了它的角色——盛放"鸡肋"用品。当遭遇问题——抽屉合不拢时，我也懒于付出我的认真和关爱——没有寻根究因，恣意发泄着不良的情绪，更没有去探索解决之道——只要朝抽屉深处看一看，问题就会一目了然，迎刃而解。

深思我们的教育行为，身边有多少被定义为"第三个抽屉"的孩子？在《顶着光环行走的人——晕轮效应》中，刘儒德教授提到了一则笑话。一位老师发现上课时两个学生在睡觉。老师把成绩差的学生叫起来批评："你看人家（指着成绩好的学生），睡觉时还在看书，你是一看书就睡觉。"人们对他人的认知首先根据个人好恶形成初步印象，然后推论出认知对象的其他特质，这就是"晕轮效应"，也称"光环效应"。"第三个抽屉"的孩子被人为地赋予了"黑色的光环"：因为"爱笑爱闹"被定义为"多动症"，因为失误导致班级输掉比赛被定义为"害群之马"，因为羞涩腼腆被定义为"不能挑大梁"或"懦弱无主见"，等等。这些"第三个抽屉"的孩子也人为地被赋予了负面角色，如"这件坏事肯定是他干的""这件事怎么能让他去呢""他肯定学不会这个"等。

教师给孩子下的这些定义是多么可怕！而更可怕的是，当将这些定义反馈到孩子身上，形成自我的心理认知定位时，孩子会给自己贴上标签：我就是"第三个抽屉"，我只能盛放"鸡肋"用品。

为庆祝班级在校运动会上获得团体第一名，我为孩子们买了一大包巧克力，下午却发现巧克力不翼而飞。我愤怒地用怀疑的目光掠过每一个孩子，最后定格在班上有"贪吃鬼"之称的遥身上。可是遥摆摆手说自己没吃。班长杰证明午休时遥在餐厅向值班老师请假来教学楼上厕所，有机会取走巧克力；而且遥一贯嘴馋，根本经不住巧克力的诱惑。我把赞赏的眼光送给杰，心想：不愧是我的得力助手呀！虽然认同了杰的指证和分析，但我还是去向值班老师进行了再次认证，遥确实在午休时回到了教学楼。我问遥到底拿没拿巧克力，遥低着头好半天才说："我让妈妈帮我买一袋，赔老师新的。"然后无论我再说什么，遥都拒绝和我有眼神交流。

"案情"陷入胶着状态。

然而，晚上我收到了杰妈的微信感谢："老师，杰运动会跑得好是应该的，还劳烦您给他买那么一大袋巧克力作为奖励。孩子非常懂事，把巧克力当作生日礼物送我了，都是您教得好，太谢谢您了！"

霎时，我有点儿发愣。家境贫寒的杰，一向是妈妈心中的骄傲，要强而且好面子，想为妈妈准备礼物。他先是"利令智昏"，接着"栽赃陷害""嫁祸他人"。我为杰保留了他在妈妈心中的乖巧形象："不用感谢，杰的优秀有您的努力，相信杰会越来越好！"来到教室，我把微信给杰看了，杰羞愧得大哭，说不该欺骗老师、冤枉遥，请老师和遥原谅。

遥很漠然。

遥的状态让我觉得更棘手。我问遥：还生气吗？为什么不反驳？遥一声也不吭，只是把两只手攥得紧紧的，浑身硬邦邦的。我走到遥面前，郑重地给遥鞠了一个躬，真诚地向她承认错误："老师不该先入为主地怀疑你，这是老师的错。"在我的道歉声中，遥松开了攥着的拳头，小声地啜泣起来："我来教室取卫生纸上厕所，可是没有谁能证明我的清白，因为连老师都不信我，我又生气又憋屈。虽然以前我也干过偷吃的事，但这次真的真的没拿巧克力，因为运动会我也得了奖，我希望从老师手中光荣地得到巧克力。"看着打开心结的遥说出了心里话，我轻轻地抱住她，感谢她的原谅，并相约和她一起重塑形象。

我很庆幸，杰妈的微信沟通及时纠正了我的错误，更重要的是挽救了杰和遥两个孩子。试想，如果没有这条揭秘的微信，我自行定义的阳光、正义的杰还会继续阳光、正义吗？同样，被扣上嘴馋、撒谎帽子，满腹冤屈的遥还会翻身，还会快乐吗？尤其是遥，在老师怀疑、同学指认的情形下放弃自辩、沉默以对时，她的心灵枝杈将伸向何方？

教育无小事，任何一个细节关联的都是活生生的人，它能成就一个孩子，也能毁掉一个孩子。当教育将孩子进行了人为的定义，泯灭了孩子的灵性和自主性，让他们麻木消极、自暴自弃时，我们为师者是不是成了最残忍的刽子手，扼杀了孩子的明天？

"第三个抽屉"不是差的抽屉，而是有个性的抽屉。教师要做的是让每个"抽屉"都能透过自我认知进行自我抉择——"这是我喜欢的""这是我能行的"；更要在问题和矛盾来临之际勇于发言、敢于呐喊——"这不是我做的""为什么不可以"。当孩子们在我们的教育中能够自主发声，找到属于自己的独特花期时，我们才不负"园丁"之称。"园丁"不能只培育富贵的牡丹，而是要让花园里的百花齐放，有桃李芬芳，更有山花烂漫，哪怕是棵不起眼的小草，也要给予它展现盎然生机的空间。

老师们，请不要定义"第三个抽屉"，如果已经定义了，请赶紧丢弃它，让我们包容和尊重学生，为学生自主发声引航、助力！

（原文发表于《教师博览》2020年第6期）

两杯茶水的启示

曲艺宁

　　一连几天，我办公桌上的同一位置都会出现一封信。打开一看，竟然是我班公认的好班长小烨写的"辞职"申请。每封信的内容都大同小异，无非是向我倾诉管理班级的不易，自己付出了诸多心力却收效甚微等。临近期末，加之这段时间我被频频外派监考，此事就此搁置下来。直到有一天班长满眼含泪冲进了我的办公室，大声嚷道："老师，我不想再做班长了！"这时，我才意识到事态的严重性。此时，长得人高马大的小烨脸色通红，双唇紧闭，仿佛受了莫大的委屈。我连忙给他搬来一把椅子，小烨一屁股坐下，伏在桌子上抽泣起来。我静静地看着他，什么也没说，待他情绪逐渐平稳，我才递给他一杯茶水，只见茶杯微微地飘出几缕水汽，茶叶蜷缩着浮于水面。小烨接过茶水，呷了两口，疑惑地看着我说："老师，这是什么茶，一点儿味道也没有？"我笑了笑说："这是上好的乌龙茶，你再仔细尝尝。"小烨又喝了一口，细细品了品，摇摇头说："老师，真的没有茶香。""那你再尝尝这杯。"我取来一壶沸水，捻了一小撮茶叶放入杯中，先后五次注入沸水，只见茶叶在水的冲击下上下翻飞，醇厚的茶香瞬时漫溢整个房间，香气扑鼻，沁人心脾。小烨情不自禁地深吸一口气。"想想看，为什么同样的茶叶，两杯茶水的味道却截然不同？"小烨略微思忖了一下说："是因为冲泡茶叶的水不同。"我点了点头："温水沏茶，水温过低，茶叶浮于表面，茶香难以释放；而沸水沏茶，反复浸润，茶叶经过上下沉浮的冲撞，最终才能释放出最甘醇的味道。"小烨低下头，若有所思。我继续说道："这杯茶，如同我们的人生。你希望过的是温水泡茶那种舒适平静、索然无味的生活，还是在炽热的沸水中饱经历练却又百折不悔的生活？同样，作为班长，面对繁杂的班级事务，如果遇到一点儿挫折就放弃，那么前面的努力岂不是白白浪费了？你看看温水中蜷缩的茶叶，没有经历过上下浮沉的冲撞，没有自我加压后的发散，只能保持蜷曲的状态，生命的张力难以淋漓尽致地展现。而沸水中的茶叶，展示的是轻盈曼妙、养目愉悦的姿态，释放出的是沁人心脾的醇香，这难道不是你所追求的人生吗？"

我指着桌上的《新东方词汇精选》问他："你知道俞敏洪吧？他是新东方教育集团的创始者。他曾想靠学习改变命运，一共参加了三次高考，即使后来考上了北京大学，依然不断地遭受白眼，备受冷落。创业时只有一间10平方米的小屋，在北京寒风怒号的冬夜，他骑着自行车大街小巷贴广告。即使面对这样的困境，他依然没有放弃，最终在全国多个城市建立了英语学校和其他学习中心，成为著名的教育家、企业家。"我递过沸水冲泡的那杯茶，对小烨说："你再品品这杯沸水冲泡的茶叶，体会茶叶在嘴中弥漫的香气。这茶先苦后甘，越往后品，越能够体会到茶的甘醇。人生亦是如此，只有先经历过苦的磨难，才能体会到甜的清冽。你不妨把工作中的挫折当作锻炼自己意志力的运动场，当你经过困难的打磨后，你的人生前景一定会更加辉煌。"小烨的眼睛一亮，站起来双手接过茶水，连喝两口，对我说："老师，我明白应该怎样做了。"随后，我仔细询问了事情的来龙去脉，肯定了他之前为班级付出的所有努力，详细探讨了班级管理中存在的问题与解决策略，看着他信心满满的样子，我欣慰地笑了。

"古之立大事者，不惟有超世之才，亦必有坚忍不拔之志。"苏轼的话，完美地诠释了培养坚忍意志的重要性。初涉世事的中职学生，由于大多是独生子女，在他们所接受的家庭教育里，挫折教育这门人生的必修课几乎是空白的。因此，在面对困难与挫折时，学生往往容易颓废退缩，甚至止步不前、自暴自弃。如何引导他们正确地对待挫折，培养他们坚忍的意志力，是班主任应该深思的问题。这一年龄段的学生，逆反心强，但有自己的主见。如果单凭空洞的说教，强行灌输教师的主张，往往事倍功半，甚至适得其反。所以，利用生活中平凡的泡茶之道，让他亲眼看见，亲身体验，引发思考，才能事半功倍。

（原文发表于《教育视界》2020 年第 22 期）

流淌于笔尖的爱

王晓菲

文字不仅能传达信息，还能传达爱。

曾记得丰子恺先生的漫画《阿三夫君如见……》，画的是一位妇人请人代写书信给在外谋生的丈夫阿三。即便在陌生人面前，心中最柔软的思念不能说出口，那寥寥数语的家长里短也会让丈夫心生暖意。文字有这样的力量，在那个通信不发达的年代，信纸承载着无数人的爱与牵挂，穿越千山万水，抵达千家万户。

我记得我写的第一封信是给我母亲的。当时，我在读初二，也不知为何总是跟母亲吵架，一点点事情说不上几句话就吵开了，跟父亲的关系还好。现在想来，可能我当时处于青春期，正是有了自己的想法，想摆脱父母控制的时候，却又没有找到好的交流方法。父亲平时说话少，那时也没觉出有什么不一样，倒是母亲，平时说得比较多，事无巨细都会嘱托，而我从内心觉得父亲威严，不可侵犯，母亲随意，可以顶撞。想来自己当时多么无知，不仅顶嘴，还振振有词据理力争，一点儿也不服软。我现在仍记得当时和母亲大吵后，父亲说："行了，别把闺女气坏了。"母亲气鼓鼓地说："你就不怕把我气坏了？"有了父亲的宠爱，我更加有恃无恐，跟母亲常常剑拔弩张。我总以为母亲太苛刻，不理解我，脾气还很暴躁，也曾一度认为母亲不爱我了。

有一天晚上，我给母亲写了一封信，放在她房间的桌子上，写的什么我忘了，可能就是吐露自己内心的想法吧。还好，我知道用文字来沟通。有一个画面我至今记得，那时候我们早晨上学早，正值冬天，起床时天还没有亮，我看见母亲正在灯下写着什么。母亲高中毕业，在当时的农村也是高学历，而且听母亲说，她上学的时候还是"语文大王"，写的作文常常被当作范文来传阅。小时候我特别崇拜母亲，因为她总是能指导我的学习，后来不知什么时候崇拜感就消失了。放学回来写作业时，我发现了母亲放在写字台上的信。母亲的一句"我有一个懂事的大女儿"，让我所有的不满都消失了，原来自己在母亲心里那么重要。其实，在母亲心里，自己的孩子是最好的，只是没有说出来，而表达出来的言行又多是不满。爱是需要说出来的，文字让我向母亲说出了自己的爱。那封信我珍藏了好多年，后来家里装修过几次就不知道弄到哪儿去了，我也忘了母亲当时都写了些什么，但是我跟母亲的关系确实和谐了，我印象深刻的是，从初二某个时期开始，我突然变得开朗上进了。

文字有时比口头语言更有力量，它让人在反复阅读中，一遍遍触碰内心，一次次与写信人心灵交融。当了老师后，我更有体会，文字可以传达希望和爱。

雯，是让我每个周末都心心念念的一个学生。她常常周一请假不来上学，因为完不成作业。一到周五放学，雯就如一只出笼的小鸟，一刻也等不及，扑棱着翅膀翱翔在广袤的天空。身体飞走了，心跟着飞得更远，一直到周日晚上，她才想起来作业没写完。玩了两天的她，放松得"身心疲惫"，根本无法按时完成作业，只好请假。我多次在周末向雯的妈妈询问孩子的情况，可是她的妈妈周末要上班，掌握不了她的去向。无奈之下，我一直在思索：怎样帮助雯改变这种不良习惯呢？

又到了周末，我拦住想"飞翔"的雯说："把这封信带给你妈妈。""咦？谁给我妈写信呢？"雯疑惑了。"老师写的。"我说道，雯的表情由疑惑变成了凝重，看样子就知道她怕这是"告状信"。"你不准看哦，我都封好了。"雯一下子没有了"放飞"的渴望，皱着眉头，像放一块大石头一样，把信放进书包里，背着走了。

在班级中，我有让孩子们写日记的习惯，起初是为了让孩子们互相写写班级发生的事，便于我做班级工作。刚开始任务是强制性的，每天必须写上一段话。孩子们写了我就看，也会在日记本上写下自己的看法，用这样的方式和孩子们交流。我发现很多问题不用大动干戈，几句话就可以获得圆满解决。慢慢地，孩子们写得多了，内容也从公式化变得有感情，有时还会写写自己的困惑，让我出主意。我俨然成了孩子们信任的人，文字成了我们交流的媒介。我发现，虽然少则只有三言两语，但这种方式能让我快速地走进孩子心里。

那天，雯在日记中写道："老师，那封信妈妈给我看了，我没想到您说我还有那么多的优点，妈妈说'老师在鼓励你'，可我觉得您是喜欢我，我也喜欢您，老师，当然我也会努力让您更喜欢我。"

教育不就是帮助人成长吗？这句话说起来简单，做起来却不容易。有时当我们的说教不被理解时，它不仅不能帮助人，反而会妨碍人；而文字就温和多了，它传达给孩子的是老师的爱、喜欢和信任。

一位老师到我们班听课，翻到孩子们放在教室后面的一摞日记本，感叹道："王老师，这需要多大的工作量啊，怪不得你们班这么优秀，是老师优秀啊！"其实，我只是喜欢用写信的方式和孩子们交流。比起声嘶力竭，文字也许没有那么大的震慑力，却有对心灵更深的触动和对灵魂更持久的抚慰。孩子的成长需要爱的滋润与呵护，我愿用笔尖流淌的温情陪孩子走过成长中这难忘的一程。

（原文发表于《江西教育》2021 年第 2 期）

本是同质布　岂可云泥别

曲艺宁

　　搬到新家后，我把家里的洗脸巾与抹布统统换成了白毛巾。一个月后，我发现洗脸巾依然洁白柔软，而抹布则像被烟熏过了似的，不但有点儿发黄，而且硬得扎手。吃惊之余，我陷入了沉思：同是崭新的白毛巾，因为我对它们用途的不同安排，竟造成了如此迥异的结果。究其根源，不过是我对抹布进行了人为设限，认为抹布是用来擦拭污秽的，清洗得差不多即可；而洗脸巾要接触皮肤，就应该洗得干干净净。这样的设限，直接影响了我对洗脸巾和抹布的态度——当我清洗洗脸巾时，动作轻柔、细致耐心；而清洗抹布时，心里总想着随便洗洗就行，反正它也是用来擦地的。

　　由此，我联想到了我的学生。在以往的教育工作中，他们会不会因为我的"不同定义"和"区别对待"而受到过伤害呢？我努力回想过往的教育时光，脑海中浮现一件往事。那时，我刚参加工作不久，学校领导经常在周一活动课时到各个班级检查学生个人卫生及仪容仪表情况。一次周一上完课后，我匆忙赶往教室，准备再次仔细检查一遍，确保不出纰漏。快走到教室门口时，副班长小杜拉着小慧朝我走了过来。小杜一见我就说："老师，你看看小慧，头发几天没洗了，校服也不干净。"我上下打量着小慧，指着她衣服上斑驳的油点，生气地问道："下午要检查个人卫生，你又不是不知道，为什么不能换件干净的衣服？"小慧只是低着头，并没有说话。我又联想到入学以来她屡次违反校规校纪，更是气不打一处来，便没好气地说："周末干什么去了？把我的话当成耳旁风了是不是？我要打电话问问你妈妈到底怎么回事，一点儿集体荣誉感也没有……"说着，我就拿出手机，准备给小慧的妈妈打电话。见我真的要打电话，小慧急忙拉住我，哽咽着说："老师，我妈住院了。"说完，转身哭着跑开了。因为领导临时开会，那周的例行检查取消了，这件事也就不了了之了。只是从那天起，小慧看我的眼神变了，每次遇到我，总是迅速地别过头去。我们之间仿佛隔了一堵无形的墙。

后来，我从小慧妈妈口中得知，由于父母离异，小慧自幼跟着妈妈生活。那个周末，小慧的妈妈生病住院了，她忙着照顾妈妈，没有来得及换洗衣服，更没有时间梳洗。得知原委后，我内心一阵羞愧，内疚和懊悔之情不断地冲击着我的心。

原来，是我错怪了她。找了个机会，我把小慧叫到办公室。提及这件事，小慧先是一脸漠然地看着我，然后眼中满是委屈，但依然一声不吭，双手也紧握着。我站在小慧面前，郑重地向小慧鞠了个躬，向她诚恳地道歉："对不起，上次的事情，老师不该先入为主，没有给你解释的机会，还随便指责你，老师错怪你了。"这时，小慧的眼泪唰地一下流下来，紧握的手也慢慢松开了，开始号啕大哭，边哭边说："老师，虽然之前我总是违反纪律，可我也知道集体荣誉的重要性，我不是有意的，真的是因为照顾妈妈而没有时间收拾自己。"我心疼地抱住了小慧，任凭她委屈的泪水打湿了我的肩膀。我们之间的坚冰终于消融了。

当时，我不分青红皂白地指责小慧，就是仅凭对她一贯表现不佳的印象，错误地认为"问题学生"一定站在老师的对立面，她不换上干净的衣服一定是故意的。试想，如若同样的事情发生在一贯表现优异的学生身上，可能我心里早就预先替其找好了理由：最近是不是遇到了什么烦心事？是不是在上学的路上摔倒了？

我想起同事吴老师讲过的一则事例。上学期，班长小杨被监考老师举报英语考试时作弊。吴老师详细询问后得知，小杨把英语提纲带进考场，放在了桌子旁边的窗台上。小杨自入校以来学习成绩一向优异，英语老师也力证，那几页提纲的内容小杨早就掌握了，因此根本不需要作弊。最后，吴老师只是取消了小杨期末评优资格，并没给予其他处分。听到这件事时，我不以为意。现在想来，同是考试作弊，如果发生在平时表现不好的学生身上，我们定然不会处理得如此云淡风轻。小慧因为照顾母亲而没有管理好个人卫生，我却如此小题大做，动辄使用"叫家长"这样的手段；而面对平时表现好的学生的严重违纪的作弊行为，我们却只是蜻蜓点水，一带而过。个中缘由，显而易见。

由此，我又想到一位苏联心理学家的实验：给两组人试看同一张照片，照片上那个人的突出特点是眼窝深陷，下巴前突。心理学家告诉第一组人，照片上的人是一个罪犯；告诉第二组人，他是一名学者。结果，在第一组人眼里，眼窝深陷就代表着凶残、狡诈，下巴前突证明他冥顽不灵；在第二组人眼里，眼窝深陷代表着思想深邃，下巴前突证明他具有执着顽强的求学精神。只因为被贴上不同的标签，相同的外貌就被赋予了不同的意义。那么，我对小慧的过激言行，不也是源于一开始就给她贴上了"问题学生"的标签吗？

在日常教育实践中，我们不难发现，当学生被贴上负面标签后，我们有意或无意的态度就可能让学生在潜意识里进行自我调适，让自身的行为与被贴上的标签相一致。慢慢地，学生就会自我否定，进而失去进步的动力。"罐子才该有标签和设计，人不该有。"为师者，要做的是多方位、多角度地了解学生，用"眼见之实"代替"偏听之词"，用发展的眼光科学地引导学生释放能量，积极发现自我。同时，我们要帮助学生树立正确的认知观，让他们勇于发声，即使受到不公正的对待，也不能轻言放弃，要勇往直前、乐观豁达地在逆境中成长，成为心理健康、行为积极的社会主义建设者和接班人。

（原文发表于《江苏教育》2021 年第 84 期）

一句有温度的话

杨雪梅

最近一段时间，我越来越明白一个道理：一句话是真的可以带有温度的。让我印象深刻的第一句带有温度的话是一位杂志编辑发来的邮件："很抱歉，杂志不能录用诗歌作品。但仔细阅读了您的诗作后，发现您的文笔优美，情感也很细腻，希望您能尝试一下以叙事体的形式来写作。"第二句令我颇有感触的话是火热的，来自一位写作上的"大腕儿"，同样是对那一首诗歌的点评："您其实有非常不错的文字功底，一定要坚持下去！"

我从未想到，因为几句为了春节联欢会而随意编写的朗诵词，又因为一时心血来潮点了几个邮箱投递出去，居然会有人细细品读，并第一时间予以回应。一句看似无比简短的话语，却深深地温暖了我的心。

岁月不经年，青春早已流逝。可一句句富有温度的话却时时浮现心头，激励着我坚持在读与写的路上反思、前行。若在教育事业中，我们对学生说的话也能去掉一点点机械式的冰冷，增加一点点触动人心的温度，会不会也能生发出一些奇妙的化学反应呢？有了这么一个想法，在与孩子们打交道时，我便努力尝试着让自己的话语尽可能带着些许温度!

新的一周伊始,正轮到我值班,晚上要留在学校里看护住校的孩子们。排队吃饭时,迎面碰到二楼一个女生正骂骂咧咧地蹲下身子帮一个年幼的小同学系鞋带。看到这一幕,我脱口而出:"君,过了个年可见你是长成大姑娘了,居然这么细心地照顾小同学。"胖胖的女生抬起头来看了看我,一脸抱怨地说:"杨老师,这个小妹妹太顽皮了,还什么事都做不好,真累人!""可不,以后你这个大姐姐可得有点儿耐心多教教她们!"匆匆回了这么一句话,我便忙着去拿自己的东西,并准备带领孩子们进餐。

饭后,要组织学生排队到宿舍楼进行晚间活动。突然,那个叫君的女生却离开了队伍,自顾自地又朝餐厅走去。我刚想喊上一嗓子,却看到她直奔餐厅内那张放着我的书和一些洗漱用品的桌子而去,细心地把几本书摆整齐,并顺手提起那只盛放着洗漱用品的袋子。噢,原来这孩子是在帮我的忙!等我回过神来想伸手去接时,这孩子却一直不肯松手,越发把东西小心翼翼地捧在手里,并说道:"老师,我来帮您拿吧!"等到了活动室,她又一样样地为我摆好,并把其中一本书翻到我折过角的那一页。面对这孩子今晚不同于往常的"殷勤",真心道谢之余,我又不禁多了一份思索……

这个叫君的女生是启智高年级的一个孩子,单单肥胖的身躯看起来就不那么讨人喜爱,却偏偏还有许多别的问题,比如:大嗓门儿,爱计较,在任何地方都能听到她责骂别人的声音,爱欺负小同学,经常会拿别人的东西……她似乎是大家公认的问题学生。可是,今天晚上，这个孩子怎么偏偏变了个人呢？乖巧得出奇！不但主动帮我拿东西，整个晚间活动也都特别遵守纪律，临睡前还主动对我说："老师，晚安！"为什么从前我就没有发现这个胖胖的女生如此可爱，身上居然也有着如此多的优点呢？而我最近和她唯一有过的近距离接触，也仅仅是晚饭前说了那简短的几句话而已。

"是了，就是因为那几句不经意的话！"辗转反侧，我越发肯定自己的想法。那些话里，我没有了往日的呵斥与指责，也没有板起过于严肃的面孔，而在不经意间稍稍添了几分淡淡的鼓励与肯定。如果说一位素不相识的陌生人的只言片语能激起我对文字狂热的喜爱，一直不曾谋面的"师者"的寥寥数语能令我豁然开朗，觉得人生的别有洞天。那么作为天天看得见、碰得着的一位老师，那样些许带着温度的话语又怎么可能不在孩子的心中荡起层层涟漪呢？我甚至可以感受到那些话语犹如一股股暖流，蔓延至孩子那至纯至美的心中。如果说思想是花，语言就是蕾，一句看似简单的暖心话就是这样富有魔力，可以催发奇迹并使我们很快品尝到果的如蜜甘甜！

如果为人师者都能够俯下身来关注孩子，在与孩子交流的时候让自己的话语带着些许温度，那么花香铺径、蜜果挂枝又怎么会遥遥无期呢？我愿意继续让自己的话语洋溢着温度，用真心陪伴每一颗心灵的快乐成长！

（原文发表于《师道》2017 年第 2 期）

给教育一段"静置"的时光

曲艺宁

开学一个多月时,班里突然转来了一名叫小姝的女生。她个子很高,模样清秀,只是那一头短发和过于灵动的眼神给人一种不羁之感,让我心里也莫名地有了一丝担忧。果然,过了不久,各科老师的"投诉"接踵而至,"上课不专心听讲""不按时完成作业"之类的问题层出不穷。我不禁有些头疼:难道"半路杀出来"的居然是一匹"害群之马"?

我正苦无良策的时候,一波未平,一波又起。小姝居然"明知故犯",明目张胆地开始了早恋。不少同学向我反映,最近小姝和班里的小昊走得很近,自习课两人还经常传纸条。更严重的是,体育课上,小姝居然拉着小昊一起逃课,躲在教室里有说有笑,被巡视工作的领导抓了个正着。

我心里的火不禁噌噌往上蹿,恨不得立刻把他俩抓过来劈头盖脸狠批一顿,但三年的班主任工作经历让我深深明白:对待这样的学生,如果没有恰当的教育契机,绝不可轻举妄动。因为,在他们的求学生涯中,这些中考落榜的学生,由于其不佳的学习成绩和失范的行为习惯,来自老师、家长的各种批评指责,几乎是他们的家常便饭。因此，老师单方面的说教对他们而言不过是"毛毛雨"，在日复一日的"疾言厉色"里，他们早就形成了超强的"免疫力"，练就了强韧的"承受力"。

因此，我压下心中的焦虑，决定暂时"按兵不动"。但私下里，一方面，我请求领导给学生一个改正的机会，不要将此事扩大化；另一方面，我暗中观察，多方了解小姝的情况，积极寻找有利的教育契机与突破口。

周末回家，细心的妈妈见我心绪不宁，关切地询问缘由，我便把自己工作中的苦恼与困惑说了出来。同为教师的妈妈却一反常态，没有作声，只是让我帮她揉面，准备擀面条。

刚和好的面非常硬，我只揉了几下胳膊就酸了，而且，面越揉越散，表面也坑坑洼洼的。妈妈笑着接过面，用保鲜膜包好后放在案板上，让我20分钟后再揉。等了20分钟，出乎意料的是，面团变得柔软了很多，只揉了几下就变得光滑而有韧性。

看我不解，妈妈说："这个过程就是饧面，让成形后的面团内的蛋白质分子有松弛的时间，是应力消除和重构的过程。饧过的面，由于内在蛋白质分子变得松弛而更加舒展，面团有更筋道、更顺滑的口感。"

我不由得心中一动，瞬间明白了妈妈的用意。

回到学校，我找到小昊一番长谈，详细了解了他与小姝交往的始末，分析了其中的利害关系。小昊郑重对我承诺：只要我不告知他父母，他会处理好两人的关系，做回普通朋友。小昊的问题解决后，我松了一口气，并没有急于找小姝，而是刻意对小姝进行冷处理，每次面对她有些慌乱的眼神，我都装作若无其事。

一晃临近学校艺术节，这次活动的主题是舞台剧比赛，我心中有了主意。

活动课上，我对小姝说："跟我到办公室来一趟。"一开始，小姝的神情有些慌乱，继而立刻装出一副"死猪不怕开水烫"的神态，随我来到办公室。我拿出学校艺术节活动方案，对她说："听说你有文艺天赋，而且组织能力不错，这次的舞台剧比赛，你有什么好的创意？能否负责组织排练？"我的话显然让准备接受批评的小姝吃了一惊，她的脸唰地一下红了。在确认过我的眼神后，她忙不迭地问："老师，您信得过我？"我点了点头。她的眼睛霎时亮了起来。于是，我就和她商讨起舞台剧编排的诸多事宜，其间她会不时地提出很好的创意。接着，我在班里宣布舞台剧的编创参演人员，推举小姝担任总导演，我的提议得到了全票通过。

在接下来的两周里，小姝充分发挥了她的特长与出色的组织协调能力，在学校艺术节比赛中，我们班以突出的优势获得了学前教育组的第一名，我在班里大张旗鼓地表扬了小姝，小姝有些不好意思地低下了头。我想，小姝"这团面"，应该"饧"得差不多了。

找了个合适的机会，我和小姝漫步操场，先是肯定了她在舞台剧编排中的突出表现，接着话锋一转，问："小姝，你的名字是谁给你取的？你知道自己名字的寓意吗？"小姝说："是爸爸取的，好像是'美丽'的意思吧。""它还有'美好'的意思。'静女其姝'，多美的名字啊！其实，我们每个人的名字大多蕴含着父母对我们的期待，是吧？"小姝点了点头。"那么，我们是要努力变得美好，还是与美好背道而驰呢？"小姝低下了头。

我拍了拍她的肩膀："就凭你在舞台剧中的表现，老师认为你是一个有责任心、有担当的孩子。是什么原因让你之前的表现不尽如人意？可以跟老师说一说吗？"小姝先是犹豫了一下，继而竹筒倒豆子般说出了她的经历，与我之前了解的情形大致相同：她以前是留守儿童，个性独立，母亲生了小弟弟后，父母就不再外出打工，可小姝依然与父母的关系疏离，在小姝看来，父母一直不关心自己。我说："对父母有情感需求、渴望跟父母互动并得到热情回应，这是一个人非常正常的情感需要。因此，老师理解你的感受，也明白你的一些出格言行不过是希望得到他人的关注，包括你与小昊走得很近，都是希望从他人那里得到温暖与关心，是吗？"小姝的眼里有了莹莹泪光。

我接着说："父母之爱子，则为之计深远，这世上没有父母不爱自己的孩子。换位思考，如果你是父母，为了保证孩子有更好的未来，你会如何选择？他们心里的无奈、劳作的艰辛，你理解吗？现在，你又多了一个可爱的小弟弟，这意味着你在这个世界上多了一份亲情与依靠，老师很羡慕你哟。如果我是你，我会做妈妈的助手，帮助妈妈做一些力所能及的事，你说呢？"我充满期待地望着她。"谢谢老师，我明白了。"小姝的脸上露出了笑容。

自此，小姝的学习主动多了。为了帮她补上没有听懂的内容，我为她配备了"助学小伙伴"，她与男同学之间的交往也逐渐变得大方自然，有礼有节。期中考试，小姝的成绩进步了六个位次。虽然离我的心理预期尚有距离，但我相信，只要小姝肯努力，她的未来一定会越来越美好。

叶圣陶曾指出，教师之为教，不在全盘授予，而在相机诱导。小姝的经历在当下的农村家庭中极为常见，父母外出打工，造成孩子与父母间情感联结的缺失。对于学生出现的问题，只有选取恰当的教育契机进行有效沟通，才能让老师的教育更走心。

试想，如果在小姝早恋事件后，我马上找她谈话，结果要么是她心理抗拒，自我辩解；要么是她充耳不闻，我行我素。而将此事搁置一段时间后，让时间消解了小姝心里的抗拒力，催生出她心中的自省，没有了心理抵触，又有了取得成就的愉悦感，接下来的谈话就有了良好的心理基础，帮助学生重构认知、激发起实现自我价值的动力才有可能实现。

有时候，出乎学生意料之外的"静置"，会让教育找到新的突破口，反而能春风化雨。如同妈妈静置一段时间的面，经历了时间的沉淀，才会变得柔软而舒展。静置，并非畏难逃避，而是有意地审时度势。静置，让教育不再生硬，让教育更有温度！

（原文发表于《当代教育家》2021 年第 8 期）

做问题学生的心灵医者

于丽英

有一段时间，不知道什么原因，我开始发烧，浑身的骨头都烧得疼，不得已吃了退烧药。退烧后感觉没事了，就继续上班。可是下午又开始发烧，晚上竟烧到 39℃。家人意识到严重性，送我到了医院。医生让我验血，说有炎症，挂了三天消炎吊瓶后，终于退烧。回家两天后，又开始发烧，医生给我开了一堆药，吃药后情况依然。再去医院，这回做了大检查，把能验的都验了，医生又给我开了一堆药，吃后还是不见好转。于是，转至中医院，一位老中医把脉后，给我开了药，告诉我是一种病毒性感冒。三天后，我康复如初。

一个病毒性感冒，折腾了我大概一个月，因为没有找到真正的症结所在，只能暂时退烧，压制性药物效用一过，病毒就"死灰复燃"。但找到病因后，仅仅三天就药到病除。

医生和教师，这两个职业有异曲同工之处。医生医的是患者，教师医的是问题学生。

接手新班级的班主任，很快就发现班上的小博异于他人。小博很聪明，学习成绩名列前茅，但他非常不合群，对老师、同学都很冷漠，也不参加任何班级活动，易记仇、爱报复，躁怒起来便无所顾忌。

我找到小博的前班主任和任课老师，询问小博的过往。大家都表示，小博这个孩子很聪明，就是比较自大、傲慢，常常惹事，像颗不定时炸弹。教师们七嘴八舌地述说对小博进行思想教育的事例，但结果无一例外，都是收效甚微。最后，大家又纷纷安慰我，小博学习成绩突出，算得上学优生，而且他心中还是有一把尺子的，不会触碰制度红线。

所有行为都有必然的原因，所有问题背后都有伤痛的隐秘。多年的教育经验告诉我，需要从小博的生长环境入手。思索再三，我决定瞒着小博到他家进行家访。小博的奶奶接待了我，看着不到 20 平方米的平房里堆满了各种破烂，我很心酸。

小博的奶奶告诉我，小博很小的时候，父母就离异了。他现在和奶奶一起生活。奶奶年纪大了，身体不好，不能干农活，在村里也挣不了钱。为了小博能更好地学习，她卖掉村里的房子，到城里租房，靠捡破烂维持生活。奶奶反复说："小博是个好孩子，学习争气，回到家就帮着我干活，可是他性子不讨喜，我年纪大了，也没文化，不知道怎么开导孩子，希望老师多包容。"

不幸的家庭状况，贫困的生活条件，应该是小博敏感自卑、对人不信任的主要根源。他慢慢学会了自我保护和伪装：装作对什么都不在乎，也不让任何人走进他的内心；害怕被抛弃，总是在可能被抛弃之前先抛弃对方——和同学短暂交往后，立即断掉关系，变得疏离。

　　这就不能也不应该把小博的行为归到道德问题的范畴里了。一方面，小博非常狂妄、张扬；另一方面，他又非常固守、自闭。二者充满了矛盾。我定下了诊断方向，寻找着解密小博的心灵密钥。

　　我发现小博在数学方面的天赋尤为突出，总是能够在常规解法之外另辟蹊径，考满分是常态，就给他报了学校的奥数训练营，从他微翘的嘴角，我知道找对切入点了。紧接着，我对他提出了一个要求，在参加奥数训练营的同时，每周接受一次心理辅导。但小博对心理辅导特别抗拒，校内的心理辅导教师都被他"羞辱"得"落荒而逃"。我又从邻近的大学请了一位心理学科的专业人士，她通过观察分析，诊断了小博所有作为的症结所在，认为小博还无法正视痛苦的往事，还未能确定生活的目标，他的才智在固执中被白白浪费，必须想方设法唤醒他的自我意识，引导他直面人生。

　　找到了症结所在，但是如何让小博自己认清、自己发掘、自己选择，最终明白自己想做什么，而不是该做什么呢？这个过程中不能有逼迫，不能有操纵，我苦苦寻找着有效沟通的契机。可是，老师的关爱，他认为是小恩小惠，同学的善意被他的冷言逼退，他的表现依旧，让我对他的心理疏导也进入瓶颈。

　　一天，小博的奶奶在捡破烂时摔折了腿，小博听到房东的转告后慌乱不已，失声痛哭。我陪他送奶奶去医院，在手术室外一起等待。小博贴着墙壁，身体绷得笔直，手紧张得有些痉挛，我搂过他，把他的头靠在我的肩膀上，他难得地没有拒绝。奶奶手术后生活不能自理，在我的引导下，班上同学及时伸出了友谊之手，大家排了次序，轮流去帮助他一起照顾奶奶，并把课堂笔记捎给他。

终于，奶奶好了，小博封闭的心门也开了一条小缝。开始时，他是不好意思对帮助照顾奶奶的同学使性子，渐渐地也开始参加班级活动了。虽然在这一过程中，他和同学还时有矛盾发生，交流常有中断，但班集体的温暖、老师的激励和同学的慰藉，终于让他的心门越开越大，他终于不再封闭自己，想表达，想倾诉，想得到爱，开始接纳别人了。

面对小博这样的学生，我们常常陷于道德教育的困境，因为我们习惯性地认为，他们是思想品德有问题，习惯以德育代替心育，以道德要求代替心灵抚慰。但事实上，他们问题的根本症结在于心灵，属于心理问题。

"教书育人"，这是沉甸甸的四个字，它要求为师者不能只注重知识的授受，更要注重心灵世界的建构，教书不过是育人的手段之一。我们要做好问题孩子的心灵捕手，为他们的成长做智慧和热情的医者——精准把脉，找到症结，对症下药，助其健康成长。

（原文发表于《广东教育》2021 年第 12 期）

许他一个美好的未来

李 楠

　　婆婆住院，我去医院照顾，一进病房，却被另一张床上的一个患者惊住了。她那么瘦，夏天的衣服根本遮不住她的骨架，甚至可以清晰地看到她整个骨盆的形状和腿骨的形状。虽然有时会在网上看到一些极瘦之人的图片，可眼前真的出现这样一个人的时候，我还是禁不住怔了一会儿。正在输液的她紧闭着双眼，好像睡着了。我放轻脚步，尽量不打扰她休息。我这边照顾着婆婆，心思却全在那位极瘦的患者身上。

　　不一会儿，她家的亲戚来看她。她醒了，竟然精神很好地和亲戚聊起天儿来。亲戚走后，我没忍住好奇心，有些突兀地问她为什么这么瘦。她没在意我的唐突，滔滔不绝地告诉我，她从去年开始迅速消瘦，家人带她来医院检查，检查结果说是胃溃疡，里面还长了个东西，所以就把整个胃切除了。"整个胃切除了，那吃的饭怎么消化？""再长一个胃，医生说慢慢地还会长出新的胃来。"她很有底气地告诉我。我一时没说话，切掉的胃怎么会再长出一个呢？凭我的经验判断，她应该是胃部的肿瘤扩散所以才切除了整个胃，是挺严重的胃癌。没想到她却那么有精神，若不是亲耳听到她说话，真不敢相信她有这么足的底气，这么大的声音会是她发出来的。我突然特别感动，感动于那位说她的胃还会慢慢长出来的医生，没有细致向她描述病症的严重性，没有告诉她可能时日不多，却许了她一个美好的未来——胃会慢慢再长出一个新的来，因为会再长出来一个胃，所以她很有奔头地活着。

我不禁想到了我们的教育，当学生出现问题时，我们真的需要像医生诊病那样，把每一个问题都一五一十地拿出来细致分析吗？我们有时甚至是拿着放大镜来找问题，一旦发现了学生的不足，便会立刻把学生找来，把他们的问题深刻分析到根子里，时刻叮嘱。这种不停戳学生痛处的教育，无异于不停地告诉学生：你的毛病很严重，你不行，你很差劲，你不是那块料……与这种教育方式相比，许孩子一个美好的未来也许更有意义。

班上有一个叫旭的孩子，上课从来坐不住，东张西望，玩玩这个，动动那个，哪怕安静五分钟对他来说都如承受酷刑一般痛苦。他从小学开始便不写作业，成绩总是在班上倒数几名。上了初中，为了他写作业、上课听讲，我煞费苦心：不厌其烦地培养他的学习习惯，想方设法调动他的积极性，一遍又一遍地跟他讲道理……可往往是好了三五天后便又回归原样。有一次，他妈妈为了他的作业问题来到了学校，与我沟通结束后，她突然问："老师，我儿子能考上高中吗？"我不忍心告诉她，以旭现在的状态考上高中的希望几乎是零。于是我罔顾事实地许了她一个美好的未来："每个孩子都有很大的潜力，有些小男孩初一刚开始成绩不太好，但当他慢慢认识到学习的重要性时，就会有突飞猛进的变化，这就有可能考上高中了。旭的智力不错，我看有希望。"令人惊奇的是，自从那以后，旭真的表现得越来越好了，作业一笔一画地写，课堂上也能坚持专心听讲，回答问题的正确率也越来越高！在课堂上，我一次次表扬他，他更来了精神，继续一点点进步。这次期末考试，他的成绩居然达到了班上的中游水平。如今，他是真的有希望考上高中了！

　　曾经听到一位清华学子讲了这么一个故事：小时候，他对一个问题一直想不通：为什么他的同桌想考第一名就能考第一名，而自己拼尽全力，也只能考第21名？他问妈妈"我是不是很笨"，妈妈没有回答，因为她不想告诉孩子人的智力确实有三六九等，不够聪明的人如果还不够勤奋，肯定比不过聪明的人。她知道这种现实的答案不是孩子真正想要的答案。她一直在为儿子的问题寻找一个完美的答案。上初中了，虽然他比过去更加刻苦，但依然没有赶上他的同桌，不过他的成绩一直在慢慢提高。在一次旅行中，他们来到了海滩，看见几只灰雀和海鸥在海滩上觅食，他的母亲指着那些鸟儿对儿子说："你看那些在海边争食的鸟儿，当海浪打来的时候，灰雀总能迅速地起飞，它们拍打两三下翅膀就飞入天空；而海鸥总显得非常笨拙，相比灰雀，它们从沙滩飞入天空需要较长时间，然而，真正能飞越大海的却是海鸥。"一位睿智的母亲，许给了并不优秀的儿子一个飞越大海的未来，而儿子用自己的行动一点点向着那个美好的未来靠近。

　　每个人身上或多或少都会存在一些问题，成长中的孩子更是如此，没有哪个孩子是完美无瑕的。问题来了，我们无法回避又暂时难以解决，不如许他一个美好的未来，在恰当的时候给一个温暖的建议，并及时送出掌声，等待奇迹的来临。

（原文发表于《教师博览》2018 年第 10 期）

第 二 章
静心待花开

每一种花，都有它自己的绽放节点；每一个孩子，都有他自身独特的成长轨迹。做教育的人，应该有一颗园丁守候植物成长、成熟的心，能洞察、熟悉并理解教育花园里每一株"草木"的生长规律，既愿花心思去浇灌、培育，又愿静心待花开。

等待，是为了给"野草"开花的时间

杨雪梅

"快点儿，连个衣服也不会穿，跟上队伍！"楼梯上，在班主任疾声的催促下，一个孩子手忙脚乱，不知道该顾着半披在身上的衣服还是该留心脚下的楼梯。

"小家伙，你慢点儿，先站在这儿把扣子扣好再下去吧！"孩子的窘迫被我看个正着，心有不忍的话便脱口而出。看到班主任回头瞅了一眼，我才惊觉，自己又不受控制地"多管闲事"了。于是，我只好讪讪地解释："看起来他需要多一点儿时间，我在这里等一等吧，你先忙着，一会儿我正好去餐厅，顺便把孩子带过去！""他一直拖拖拉拉的，入校好几年了，衣服还不会穿，就没什么是他会做的，不入流的'野草'，那麻烦你了……"伴着一连串的抱怨和客套，前面的队伍很快下楼了。

"我是杨老师，穿衣服需要我帮忙吗？"看着楼梯上不知所措的孩子，我弯下腰轻声问道。那个孩子怯怯地摇了摇头，自己扯着衣襟，边吃力地把衣服捋齐整，边不太流畅地表述着："自己会穿的，我慢。"忙活了好半天，两只小手用着笨拙的劲儿终于吃力地把一个扣子从扣眼里掏了出来，孩子兴奋地说："老师，你看，我会的！""是呀，慢慢来，会越来越熟练的，我等你。"似乎在一番折腾后他终于摸到了某种窍门，后面的几个扣子很快便一一扣好，那张仰起来等着我肯定的小脸上满面阳光。

等待，在此时，在这个幽暗的楼梯上，是一种多么积极、美好的表情和姿势呀！有的人，愿意花整整一下午坐在塘边等待一条小鱼，有的人舍得花整整一天时间于窗前等待一场大雨，而此时，我愿意花多一些、再多一些的时间，等待着面前的这个小男孩，用他那不太灵巧的小手慢慢地穿好衣服，再缓缓地绽放出属于他的那份灿烂。

孩子的成长是缓慢的，教育的本质也绝不应该是风驰电掣般的奔跑，"三分教，七分等"，我们的教育何必一定要那么拼命地抢时间呢？我们又为什么不能给孩子多一点点的耐心和再长一点时间的等待呢？

有一位隐士住在山中，他很勤劳，每年春天，台阶上的野草刚探出头便被他清理掉了。因此，他的房屋四周非常整洁、干净。后来，因为要出远门，他便托一位朋友帮忙看守庭院。这位朋友很懒，从不修剪台阶上的野草，任其自由疯长。

暮春时节，一株株野草开花了，五瓣的小花氤氲着阵阵幽香，花形如兰，不同的是花边呈蜡黄色。这位朋友怀疑它是兰花的一种，便采了一株，去请教一位花卉专家。专家仔细观察了一阵，兴奋地说："这是兰花的一个稀有品种，许多人穷尽一生都没能找到它，如果在城里的花市上，这种腊兰的单株价格至少要上万元。"

"腊兰？！"知道结果的隐士惊呆了。每年春天，那些他眼中的

"野草"都会破土而出，只不过刚刚发芽就被拔掉了。如果可以多一些耐心，如果能够给它们一些生长的时间，等待它们开花，那不是早就发现价值了吗？

人们常说，教师是园丁，守望的是一片充满希望的田野。现在，我更愿固执地坚信，园丁的价值就在于精心护理、耐心等待，让每一株植物都有生长、开花的可能。

曾经，自己如那位隐士般眼里容不得沙子、杂草，简单粗暴地做着拔除、清理工作；自己也曾经如那位风风火火的班主任一般，惯于在紧张、焦虑和浮躁中匆忙过活，却不愿意耐下心来等待花儿开放的那一刻，不愿意平复情绪等待孩子缓慢成长。"杨老师，你是个急性子。上课时我总是紧张，因为好多问题我马上就要想出来了，可是你却等不得……后来，我再也不愿意回答问题了，因为我反应慢！"同一个已毕业多年的孩子交流时，她一语点醒了我：总有许多绽放是在等待中到来的，也总有许多遗憾是在放弃等待后留下的。对于成长中的孩子来说，似乎没有什么比耐心地等待更加重要。

"老师，我喜欢你！"走廊里，我步履匆匆，身后一只手却扯住了我的衣角。一怔间，小小的臂膀已从身后将我抱住，原来是楼梯上那个被我陪伴着慢慢穿好衣服的小男孩呀。"老师，我现在可以很快地自己穿衣服了呢！"糯糯的软语中，散发着几分得意与自豪。

等待，所有的等待，其实都是值得的！就像此时，那个行动不便的小男孩在我面前笑靥如花……

（原文发表于《师道》2018 年第 2 期）

花开自有时

鞠文章

教学不是一件立竿见影的事，你撒下的一粒种子有可能两三年后才出土，也有可能二三十年后才成材，更有可能在沧海桑田的变化中成为化石。但教育是一件值得期待的事，那一粒种子有可能长成一株草，一株纤细的、弱不禁风的草，也有可能变成一棵树，一棵参天的、枝叶茂盛的树。

曾经有朋友问过我："你教过的最好的学生现在做什么？"拥有二十多年工作经历的我应该可以称作老教师了吧？幼儿园的娃娃看见我，都会尊敬地喊我"爷爷好"，但我真没有值得称道的学生。我不知道哪个学生当了大官，不了解哪个学生挣了大钱，没听说哪个学生成了哪个行业的翘楚……如果好的学生是从这方面来讲，那我没有培养出好的学生，很是汗颜。问话者向我炫耀他认识哪个部门的"头头"，见过哪个行业的领导，和谁谁在一起喝过茶，被谁谁劝过酒。但我心中自有我认为最好的学生，他们也许笨拙但很努力，也许平凡但很谦逊，每一个记忆的年轮中都有他们深深浅浅的划痕。

因老屋修缮，我曾见过一个已毕业很多年的孩子，现在的他已长成一个男子汉，看我满头大汗地搅拌泥沙，他笑着调侃："老师，您还能干这活儿？""行，还行，我也是农村娃！"他抢过我手中的工具，一边干活儿一边说："老师，您还是像教我时一样直白。"语气中丝毫没有曾被训斥过的记恨。这学生我是印象深刻的，成绩一般还不努力，父母也没指望他光宗耀祖，只希望他顺利毕业。当年我带他到高中参加史地生会考，下车后他像刘姥姥进大观园一样东张西望。"你是不是有点'彪'啊？"面对他的散漫，我不假思索地训斥。他羞涩地笑笑，缩回了整齐的队伍里，但我听见了他小声而不满的嘀咕："我是有点'彪'啊！"今天，这个被我训斥过的孩子毫无芥蒂地帮我劳作，我不由得想起了朋友的问话——"你教过的最好的学生现在做什么？"于我而言，这何尝不是我教过的最好的学生，他的心中有一把正确衡量得失的尺子。没有歉意，彼此都觉得当时的一切都是最完美的经历，那天，我把他当成一个男子汉，和他满满地喝了一大杯，为了他的成长，也为了曾经的岁月。

教学中的顺遂与挫折总让我不由得想起曾经教过的形形色色的学生，当年的彷徨、烦恼、付出与喜悦都成为见证现在的闪光的点滴。我们面对的是一群个性迥异的孩子，不是生产线上统一的零配件，不需要生产成相同的规格和尺寸。那些我们教育过并且还在教育着的孩子，长大后的他们有可能不能准确地分清是谁在他们心中埋下成长的种子，但他们一定会懂得：在成长的过程中，每一位老师都为他们培过土、施过肥、浇过水。

"老师，哪天有空我请您喝酒。"这是我在商场里偶遇的一个曾经教过的"刺头"，现在的他俨然过上了丰衣足食的好日子。"好，行！"没有推辞，没有客气，我接受了这份邀请。不出所料，事情并没有下文。即使很多年过去了，他还是当年那个满口承诺，转头就忘的"大话王"。不久前，我又接到他的电话："老师，帮我捎一个朋友到崖头吧！""好，行！""有空请您喝酒。""好，行！"为了表示诚意，他非得在学校门口见我一面，到了后我才发现，原来他是要亲手把朋友托付给我，这是怕我不尽心尽力啊！一年又要过去了，他的许诺还在路上。我不怪他，他还是当年上学时那个"记吃不记打"，转头就忘的大大咧咧的性子，而我还记得他这个"长处"。

　　我们都希望自己教的学生能够"一骑绝尘"，但其实大多数人过的是平平凡凡的生活。当朋友问起"你教过的最好的学生现在做什么"时，我又想起了他。于我而言，我教过的最好的学生是看见我还记得我是他的老师，还能心无芥蒂地说句"老师好"的人。他们能用自己成长的经历悟得一个道理：春风是爱，雨露是爱，雷霆有情，霹雳有情。每一个能念着"老师好"的学生都是我教过的最好的学生，他们所从事的任何一份工作都是最好的职业。

　　　　　　　　　　　（原文发表于《威海教育》2019 年第 3 期）

陪着"蜗牛"慢慢走

曲艺宁

周末，与朋友相约去新开的火锅店吃火锅，我们正走着，身后突然传来一声熟悉的"曲老师"。我惊讶地转过身，原来是小慧。望着眼前这个清秀的女孩，我不禁感叹时光匆匆，转眼间她已经毕业三年了……

小慧是我接手的幼师班里的第一批学生，报到那天，她是全校最后一个到校的。当时，其他班级的迎新工作都已结束，我独自坐在桌前，"望穿秋水，不见伊人"，当我准备收拾桌子打道回府时，小慧终于来了。她低着头，踟蹰不前，与周围欢快热闹的氛围格格不入。在父母的拉扯下，她终于缓缓走到了我的面前。小慧的父母是朴实的农民，说着一口地道的方言，在多番曲折的交流中，我终于明白了他们的意思：小慧一直想辍学打工，而她的父母不想让孩子放弃学业，想让我劝她安心读书。本着一个教师应有的责任感和使命感，我答应了家长的请求。我走上前，微笑着拉起她的手说："小慧，咱们先不要自我设限，为啥不给自己一个机会，留下来试试？"看着我期许的目光，她的眼睛亮了，点点头，同意了。

没想到，接下来的一段时间，竟让我有些怀疑自己当初留下她的决定是否正确。小慧就读后不到一个月，我不断地听到任课老师的抱怨：小慧理解能力差，回答问题反应迟钝，等等。在同事的反复"轰炸"下，我有些动摇，小慧也逐渐变得消沉。问题的症结在何处？是她智商的问题，还是学习方法的问题呢？

经过了解后我得知，小慧小时身体羸弱，曾数日高烧不退，险些夭折。上学后，她学习虽然努力，但成绩一直居于班级中下游。

毋庸置疑，影响一个学生学习成绩的因素有很多。除家庭、学校、社会诸多的外部因素，还取决于学生个体的认知能力、学习方法与学习动力。显然，小慧的问题更多源于后者。为了增强她的学习信心，我给她讲了清代名臣曾国藩的故事。曾国藩能力一般，仅秀才就考了七次。但他凭着多年勤奋与坚持，取得了许多智商远高于他的人望尘莫及的功绩。人生是一场长跑，只要有一股韧劲，就一定可以更好地做自己。我也与小慧分享了自己读书的方法与体会。最后，我对小慧说："从今天开始，不要再打退堂鼓。老师就做你的助力器，有什么困惑都可以告诉我，我们一起想办法解决。"小慧伸出手指，勾住我的手，用力点了点头。

找到了问题的症结，接下来，我与任课老师及时沟通，将小慧在学习中的实际情况反馈给各任课教师，请他们为小慧量身定制学习方案。教学中，我充分考量她的认知特点，如小慧虽然逻辑思维能力较差，数学等学科的学习比较吃力，但需要背诵的学科，小慧经过反复练习和记忆，还是能够记住主要的学习内容，恳请老师充分发扬小慧这个优点，让她看到自己学习的内在潜力，增强学习信心。通过挖掘潜力，放大优点，小慧的学习积极性越来越高，课堂上，小慧由冷眼旁观者变成积极参与者。

同时，充分发挥伙伴助学的作用，帮助小慧及时强化学习内容。美国心理学家科胡特说："人类终其一生，都需要可依赖的对象。即便个人成长，也并非由个人独自完成。"我在班级中寻找积极、热心、学习成绩较好的孩子，与小慧结伴，互相帮助，共同提高，借助同伴的帮助与带动，小慧掌握了更科学的学习方法，学习效率有了明显提高。慢慢地，小慧在学习中收获了喜悦，她从刚来到学校时的面无表情、眼神呆滞，逐渐变得活泼开朗、落落大方。虽然，她的成绩进步速度很慢，从 10 分，到 50 分、60 分，虽然她还是保持着班级中下游的名次，但是她一直在坚持，从未放弃。

终于，小慧毕业了，她没能完成所谓的"逆袭"，也没能像很多故事里描写的那样"咸鱼翻身"，考上理想的大学，取得傲人的成绩，成为老师和家长的骄傲。她只是普通、平凡地度过了三年，顺利地拿到了中专毕业证。直到今天的遇见，我才知道，她完成学业后，找了一份自己喜爱的幼儿园教师的工作。当我问她是否后悔在学校度过三年的时光时，小慧说："老师，我不后悔！其实我能够走到今天，就是因为从老师您的身上学到了很多。那年，当所有老师都认为我学习成绩特别差，甚至怀疑我智商有问题的时候，是您没有放弃，依然鼓励我，特别是您给我们讲您的个人亲身经历，您为我们上的每节班会课，您为我们传达的理想信念、正能量，让我学到了很多，我觉得我应该像您一样，任何时候都不能放弃自己。我已经报了成人高考，我还想继续学习。"小慧的一番话把我拉回了现实。

众所周知，每个学生来自不同的家庭，接受着不同的教育，他们的先天禀赋千差万别。有的学生认知水平高，接受新知识快；有的学生则恰恰相反，如一只慢吞吞的"蜗牛"。这些"蜗牛"，即使竭尽所能，也难以达到常人的水平。但是，如果放弃他们，他们的人生恐怕就湮灭了希望。如今，多少老师为了外界所谓"成功的教育"，多年来致力于让学生取得更高的分数，亲手削去孩子的个性，磨平孩子的棱角，把所有的关注点只聚焦在分数、成绩上，可最终，学生从老师身上学到的却是爱心、坚持、理想、信念，等等。我们无意中撒下的这些种子，在他们内心生根发芽，日积月累，最终收获饱满的果实。

爱因斯坦曾在一次演讲中说道："如果你把学校教授给你的一切知识都忘记了以后，剩下的那部分内容就是教育。"我们的生活就是运用剩下的内容去思考，去迎接并战胜困难，去开创我们的事业，去追求我们的美好生活。知识可能会忘记，但能力却可以积累；灌输的想法很容易忘记，但是教育的熏陶却可以长久地沉淀下来。从近乎辍学到主动学习，小慧的成长给了我启示，作为教育者，除了要承担起传道、授业、解惑的职责，更重要的是培养学生积极向上、乐观生活的态度，因为孩子在离开学校的时候带走的不仅仅是分数，更重要的是带走他对未来社会的理想和追求。

作为教师，对学习掌握知识慢如"蜗牛"的学生，如果多一分等待，多一分耐心，多一分鼓励，他们就会竭尽全力，更好地做自己，如同袁枚的诗句"苔花如米小，也学牡丹开"，在生命的某一瞬间，绽放出属于自己的光彩。

（原文发表于《教育视界》2021 年第 1 期）

陪你一起种太阳

袁晓艳　杨雪梅

"老师，末末不见了，下课后跑出去就一直没回来……"走廊里传来学生急促的脚步声。我连忙站起身迎了出去。

"怎么回事？慢慢说！"我先安抚了孩子激动的情绪，然后了解了大概的情况：下课铃声刚响，没等老师宣布下课，末末便冲出了教室。老师以为他去厕所了，可后来派人去找时，才发现厕所竟空无一人。

"小家伙会去哪儿呢？学校大门口有人值班，肯定出不去……"我一边将学生送回教室上课，一边焦急地四处环顾。

末末是一个比较特殊的孩子，这个十几岁的孩子智力上存在缺陷，连 10 以内的数字都认不过来。学校曾经多次做过家长的工作，建议把孩子转到专门的康复机构，接受更有针对性的教育，但都被他的母亲拒绝了。尽管我竭尽所能地希望给予他更多的关注和呵护，但应接不暇的工作常常令我心有余而力不足。我想与孩子的母亲多一些沟通，但每当面对末末的母亲那冷漠的态度时，我便深感无从下手。

花园里、水池畔、操场边……每一个能想到的地方我都找遍了，始终不见人影。走近教学楼门口，大松树的枝叶遮掩中露出了个毛茸茸的小脑袋，我立刻奔了过去："小家伙，你在这儿呀……"

"嘘，老师别吵，我还要干活呢！"还没等我说完，末末一脸严肃地打断了我。只见他手里拿着半截树枝，用力地在泥地上挖着。

"你要做什么呢？让老师来帮你好不好？"

一听说我要帮忙，孩子的眼里瞬时有了光芒："老师，你帮我挖坑好不好？我想种'太阳'！"

"种'太阳'？"我心里一惊，好奇地问，"老师可以帮忙，但我想知道你为什么要种'太阳'。春天来了，我们种些小花、小草不好吗？"

"不，我只种'太阳'！"孩子非常肯定地看着我，"爸爸不爱回家，因为他说妈妈是个'老阴天'。老师，等我种的'太阳'长出来了，妈妈是不是就不阴了，我想让妈妈笑一笑，也想爸爸能经常回家……"

我一下子怔住了。谁说末末是个智商不高的孩子？他有着一颗多么敏感而又纯净的心。一脸阴郁的妈妈总是埋怨末末的缺陷带来的苦痛，忽视了孩子的内心感受，她可曾俯下过身子来拥抱一下这个天使般的孩子？看着孩子可爱的小脸，我的心中百感交集。

"老师，老师，你要帮我吗？"孩子亲切地呼唤着。

"要，当然要！"我找来一块石头，和他一样，在泥地上挖出小坑。只见末末无比虔诚地把"太阳"放入坑内，我帮着他覆上泥土，再慢慢地将泥土抚平、踩实……

"'太阳'什么时候会长出来呢？"

"要耐心等待哦！我虽然不知道'太阳'什么时候会长出来，但妈妈的脸上会有答案。每天回家抱抱妈妈，也许太阳很快就会长出来了。"

"真的吗？谢谢老师！"孩子一蹦三跳向着教室的方向而去，嘴里有模有样地哼唱着："啦啦啦，种太阳，啦啦啦，种太阳……"

可爱的孩子，老师愿意陪着你一起种"太阳"，愿温暖的阳光能照进你的生活，照亮你童稚的心灵。

回到办公室，我深深地吸了一口气，平复了一下自己纷乱的心绪，拿起手机拨通了末末母亲的电话……

（原文发表于《新班主任》2017 年第 8 期）

多一些"用心"之看

杨雪梅

在我的印象中，蕊是性格孤僻、总是游离于群体外的一个女孩子。

课间休息时，同学们都三五扎堆地凑在一起闲聊或游戏，她呢，要么趴在教室的窗台上静静地望着窗外发呆，要么就是远远地在大家活动的外围晃荡。在学习活动中，如果有需要小组合作或者二人互动的环节，她总是显得那么手足无措，旁边的伙伴只好另寻搭档或者干脆无视蕊这个人。我这个班主任呢，如此光景见得多了，也便有了一个近乎顽固的论断——这个孩子就是趋于自闭，喜欢一个人独处。

那年，我和班上一个陪读的孤独症孩子的家长共同外出学习了心理分析和诊疗技能。回校后，一次闲聊中，忆起了曾体验过的团体绘画活动，两人都对导师敏锐的捕捉能力和近乎神奇的分析结果钦佩不已。一知半解的情况下，我们临时起意在班级里也组织一次类似的集体绘画活动，想看看自己静下心来到底能不能从孩子们的绘画过程和画面中捕获到心灵信息。

活动流程是这样的：学生要在黑板上合作完成一幅画作，每个人只有一次机会用不断掉的线条表达出自己所能想到的一件物体，参与顺序由抽签决定。第一个上场的孩子绞尽脑汁地连出一座小房子，其他的同学也都找到了自己的绘画目标，大树、小草、太阳、小鸟……倒真的成就了一幅情味浓浓的灵动画卷。

学生跟着体育老师去进行室外活动了，我和那位家长留在教室里安安静静地观看着，细细品味着。良久的沉默后，我听到了家长低低的啜泣声。她说："我的儿子是多么渴望融入群体呀，所以他把自己放在了画面最密集的地方。但他对于该如何走近大家、如何与大家沟通又是多么困惑，所以格格不入地在画面中间写了两个字。平时他推别人、冲别人吼，又何尝不是想和别人交往而又不得其法的表现呢？但我从来都没读懂过，只会粗暴地呵斥……"

家长的分析与她孩子平时的行为表现确实相符。在她的启示下，我也留意到了黑板上蕊画下的那朵小花，正孤零零地缩在偌大黑板的一个角落。这样的呈现与校园生活中的蕊又何尝不是出奇地一致呢？她知道房子周围的那些布景有草有树，也需要有她那一朵花的装点。只是，她想靠近大家，却怯怯地不知道用什么样的方法去靠近。

为了验证自己的感知和分析，我决定付诸"修补性"的行动："蕊，来和大家一起玩呀！"我冲着远远地徘徊着的蕊招呼道，主动走上前去邀请她加入游戏群体。游戏中，她的笑脸是明媚而舒展的。

"你想和小宇一起摆积木，那就主动对他说'我们一起玩吧'。"我鼓励着。嗫嚅了半天，费力地吐出那几个字而被伙伴接受后，她的神情间竟有着掩藏不住的小兴奋。"想借别人的东西用，要用语言表达而不是直接动手去拿，这样大家才更愿意和你做朋友。"对于类似的沟通细节，我细致地指点着。慢慢地，教室里、操场上竟也时常能听得到蕊的欢声笑语了……

沟通是人与人之间、人与群体之间思想与感情传递和反馈的重要需求，一旦这种需求没有外显，可能就会传达出一种错误的信息——此人生性乖僻，不喜与人交往。其实，许多生命个体的沟通需求是会被不善于沟通、沟通不得法等短板所掩藏的，就像我的学生蕊。一旦藏匿起来的沟通需求被发现，而她也愿意迈出沟通的那一步，她就能够融入群体。

《教育的情调》一书指出，一位真正的教师知道该如何去"看"孩子，这种"看"不是仅仅用眼睛"看"，而是用全部身心去"看"。对于游离于群体外的孩子，如果我们能够尝试用不同的方法、从不同的角度用心去"看"，就会读出源于灵魂深处的真正渴求，也便能找到弥补其短板的可行之法。

不让隐匿的沟通需求羁绊住成长的心。身为教师的我们，不妨多一些"用心"之"看"。

（原文发表于《山东教育》2021 年第 20 期）

没啥大不了的

徐小辉

新学年，我担任一年级的班主任，却遇到了这样一件事。

1

从开学第三天起，班上一个叫倩的小姑娘每天都要哭闹着回家，甚至每次情形都一样。

我记得很清楚，那是入学第三天上午第三节课，我正带着孩子们学写"一、二、三、上"这四个汉字。课上到一半，倩突然站起来，蹙着眉头，好像很痛苦地说："老师，我想吐。"

我马上跑过去，带着倩往洗手池方向奔去，到了之后，倩干呕了两声，并没有真的吐出什么。我仔细询问了倩一番，觉得应该没有什么大碍，就让她回到座位上。

谁知，两分钟不到，倩又开始捂着肚子边哭边喊："我肚子疼，很疼！我要回家，我要找妈妈！"我当时有些紧张，急忙去安抚她。过了一会儿，她稍微平静了。可没几分钟，她又开始一遍一遍地哭喊，无奈之下，我打电话联系了倩的妈妈。

听了我的描述，倩的妈妈平静地告诉我不要紧，具体情况她一会儿到学校再跟我细说。

一会儿，倩的爸爸妈妈都来了，听到妈妈的声音，倩从教室里跑了出来，面对父母，她哭得更厉害了，还一个劲儿地往爸爸身上靠，哭着喊着要回家。

我和倩的妈妈费了好大的劲儿才劝住了她，并让她回到教室的座位上。通过她妈妈的讲述，我知道了倩的成长轨迹，并对她的心理状况有了一定的了解。

倩的妈妈对孩子有较高的要求，受家庭环境影响，倩从小就是争强好胜的性格，无论什么事情，只要她觉得自己做得不如别的孩子，就会生气上火。她妈妈举了一个例子：倩每个周末学习舞蹈，她自己本来挺喜欢的，可如果在哪节课上舞蹈老师指出她某个动作做得不标准，那她就接受不了，下一周说什么也不去上舞蹈课了。

从倩上幼儿园大班起，家人就告诉她："如果你不好好学习，同学们都会超过你，而且老师也不会喜欢你。"后来，倩经常呕吐和肚子疼，妈妈带她去看医生，医生说身体没有问题，就是精神过分紧张引起的生理反应。

我了解到，孩子从上幼儿园起就担任班长，到了小学没有继续担任这一职务，她心里特别失落。从倩的妈妈的言语间，我能明显感觉到，她对于女儿没能当上班长也有很深的挫败感，她话语间流露出来的意思很明显——希望老师能让孩子继续担任班长，这样孩子就会喜欢上学了。

倩的爸爸话不多，但几次提出要把哭得稀里哗啦的倩带回家，她的妈妈犹犹豫豫，一会儿决定不领回家，一会儿又要领回去。

2

我明白了问题的症结所在，告诉他们，经过刚才的沟通，我知道该怎么对待倩了：我会以表扬为主，满足她作为一个孩子正常的、渴望被别人肯定和表扬的想法；同时，会让她明白"天外有天，人外有人"，谁都不可能做到完美，世界上也不存在完美的人。

课堂上，所写汉字笔顺正确并且每一笔在田字格中的占位也正确的同学，我会奖励他们每人一张小贴画，而倩因为"上"字的短横几次写在横中线上面，所以我没有奖励她。没有把字写好，加上根植于她内心深处"干什么都要成为最棒的"这一观念如同一块巨石，重重地压在倩的心上，倩对自己并不满意。倩的心理负担过于沉重，我决定帮倩一把。

虽然该跟倩的爸妈说的话我都说了，但我知道更多的要从师者角度，去面对一个心理负担过重的孩子，让她在人生起点上不要背负太多的完美包袱，学会理性地走好自己的路。

接下来的日子，倩的字还是写得一般，看到其他同学得A，她很着急。这时，我摸摸她的小脑瓜，温柔地说："不要光看到别人得A，要想想人家为什么能写得这么好。老师分析字形的时候，你有没有好好听，好好记？要想把字写好，必须记住每一笔在田字格中的占位！每个人都想写好字，但更重要的是付诸行动去做好！"倩似乎听进了我的话，后面行为有所改观。

倩的性格比较强势，容易看不起不如自己的同学。有一次，一个学习比较吃力的同学问她数学题，她把眼一斜，头一转，置若罔闻。

我看在眼里，不动声色。

下课了，我主动找她聊天儿，悄悄地问她为什么不给同学讲题，如果她去问学习比她好的同学问题，人家不搭理她，她会感觉怎么样。我告诉她，对待比自己强的人，尊重并不难；难的是真诚尊重不如我们的人，这才是一个人应有的好素养。

学校要举行诗歌朗诵比赛，每个班都要准备一个节目。倩毛遂自荐，虽然她的素质不错，但班上还有两个比她更好的人选，我考虑再三，最终没有选倩，但这事并没有到此结束。

诗歌朗诵比赛结束后，我们返回教室，我表扬了当天登台的两个学生，望着台下一双双羡慕的眼睛，我动情地说："尺有所短，寸有所长，每个人都有自己的优势和长处。比如我们班的倩就特别擅长跑步，而婷擅长写字，伟擅长画画，翔呢擅长做数学题……我们每个人都要明白，不要事事和别人比，重要的是做好自己。因为每个人都有一座宝库，等待自己也等待别人去发掘！"

一年很快过去了，倩一度紧蹙的眉头渐渐舒展了，心态也比刚入学时平和了很多。在与倩相伴的日子里，我明白了对孩子外在的表现不要过早下结论，要从更深层去挖掘问题的根源所在，虽然真相往往并不容易被发现。

我当初没急于将倩的极端行为"掰回来"，不是因为别的，而是源自我对孩子的一种信任。在这一年中，我给她充足的表现空间，以宽厚、理性的态度待她。这样做下去，我发现，倩一步步地恢复了她本真的心理状态，当面对新的挫折时，她不再崩溃，也不再闹着回家。我想，再过一年，这个小姑娘一定会懂得：困难是人人都会遇到的事，其实也没啥大不了的！

（原文发表于《当代教育家》2019 年第 10 期）

陪你化茧成蝶

李 楠

人生中总会遇到大大小小的比赛，从幼儿园的穿鞋子比赛，到求学时期学习名次的比拼，再到工作时业绩的高下之争，有人的地方就有较量。

对于成年人来说，比赛稀松平常；但对于那些成长中的心灵来说，比赛带来的可能不只是名次的高低。

学校要举办第二届手语操比赛，去年我带领孩子们取得了第一名，对于今年的比赛自然是胸有成竹，准备工作也有条不紊地进行着。

"《我真的很不错》的手语操，在感染自己的同时也要感染评委，要展现出我们的自信，让评委觉得我们真的很不错，做动作的时候一定要面带微笑。"为了取得好成绩，我不遗余力地给孩子们做示范，"间奏部分要做动作，同时响亮地喊出我们班的口号，记住了吗？"

"记住了！"

为了更吸引眼球，我设计了不少小花样：排队形、加动作、喊口号……小组长们也总是给组员"开小灶"指导，在大家的努力下，同学们的动作一天比一天到位。

小婷更是投入了极大的热情，前期选择曲目时，她看到《我真的很不错》的视频后，眸子闪烁着异样的光芒，忘我地跟着比画起来。

小婷是个优秀的女生，不仅是英语课代表、学习委员、学生会干部，各种美术大赛、作文大赛、体育比赛、朗诵比赛中，都能看到她的身影。

大家眼中近乎完美的她却有个秘密——在舞台上怯场，每当站在舞台中央，大家都把目光投向她时，她就会不知所措，忘掉要表演的内容。

在学期初的朗诵比赛中，她是领诵，我发现了她的秘密后，把脱稿领诵的计划改为了看稿朗诵。

这个倔强的女孩也一直跟怯场较量着，我看着她挑战自己，失败，再挑战，再失败……她就像一只想从茧里往外挣脱的蝴蝶，用尽全力不停地挣扎着。

手语操比赛也要有两位领操，让谁来呢？

慧娴是校舞蹈队的，各方面都不错，肯定要做领操；小婷的动作和表情都无可挑剔，可这次比赛大家付出了很多，她来当领操太不保险。

在班级名次与一个女孩的成长中，我艰难地抉择着。

最终我决定让班长冬冬做领操，冬冬应承下来，可无意中的一句话却让我改变了主意。"老师，小婷曾跟我说自己以前不太自信，但这次手语操比赛让她觉得自己充满了力量。"

看着认真指导组员的小婷，我心中有了决断。

比赛那天，全班同学自信而坚定地做着动作，可没过多久，领操的小婷突然怔在那里。短暂的瞬间在我心里却那么漫长，我一手拿着手机拍视频，一手向她竖起大拇指，心里焦急地喊："小婷，你能行的，自信些！"

可最终，小婷的表现还是影响了班级的名次。

表演完，一个评委老师对我说："你们班跳得真不错，最大的败笔就是领操忘了动作。"

回到教室，同学们都耷拉着脑袋，我安慰他们："第四名也不错，大家表现得很出色。"

"老师，小婷老忘动作。""对呀，她一直跟不上节奏。"……一石激起千层浪，对小婷的讨伐声一声接着一声。小婷倔强地坐着，小脸通红，眼眶也红红的。

"同学们，你们知道选择《我真的很不错》这首歌是为什么吗？因为这首歌是对自己极好的心理暗示——我们真的很不错。比赛必定要分输赢，但我们的对手不只是别人，还有我们自己。如果我们能在比赛中哪怕只比从前的自己进步一点点，那我们就是赢家。这次比赛有瑕疵，但大家都有进步，都是赢家，小婷也一样。孩子们，这次比赛，你们真的很不错！"

同学们安静了，小婷的眼泪也滚落下来。

一次比赛，对于老师来说，可能只是工作考核的一部分；可对于孩子来说，却可能是一次挑战自我的尝试、一次成长的跳跃、一次化茧成蝶的努力……

很多东西，比成绩更重要。美丽的女孩，你想化茧成蝶，老师愿意陪着你。

（原文发表于《当代教育家》2018年第7期）

慢教育的幸福

王美玲

初见小白是因为她随姥姥来荣成度假，打算短暂地在我班待三个月。红扑扑的脸蛋儿，大大的清亮的眼睛，看到第一眼我就喜欢上了她。我蹲下身一边跟她打招呼一边伸出了双手想抱抱她，她却像一只受惊的小鹿，躲到了姥姥的身后。姥姥尴尬地笑了笑，说："这孩子有点儿怕生。"随后，姥姥紧紧地拽住我的手，满怀期待地说："王老师，以后就请您多费心了。"我点了点头，摸摸小白的小脸，期待与她一起度过快乐的时光。

表现差异，引起关注

有了小白的日子不再平静、轻松，那可爱的外表下有很多不相称的行为：她不爱与老师、小伙伴交流，无论谁和她说话，都是"嗯""不要""讨厌"等几个字；她吃饭慢慢地，起床慢慢地，就连上厕所也是慢慢地……对她的失望也慢慢地替代了最初的喜爱，我甚至想：她只是来度个假，我有必要这么较真儿吗？

但是，每天接送时，小白的姥姥都会主动与我交流，我也了解了小白慢的原因：小白由姥姥一手带大，由于隔辈亲，她吃饭、穿衣等简单的事情都是姥姥一手包办的；担心小白受到欺负，姥姥甚至很少让她和小朋友一起玩。过于封闭的成长环境，导致小白不愿与人交流、交往，她的这种情况让姥姥十分担忧。我也觉得我应该做些什么。

静观守望，柳暗花明

换作其他孩子，我也许会和家长讲与同伴交往、提高自理能力的重要性，会建议家长不再喂孩子吃饭、替孩子穿衣，让家长带孩子出去接触更多的人。但是，对于一个长期处于封闭环境的孩子来说，她面对的困扰和不适应会更多。如果忽略了孩子当前的需要而着急地进行教育干预，可能会适得其反。细细回想和小白一起经历的点点滴滴，我深深地懊悔：因为我总是纠结于她的"不好"，而让自己错过了太多的美好。再次面对小白，我让自己换了心境，慢慢地发现，其实一切都没有那么糟。比如，小白起床总是慢吞吞，但她从来没有穿反过鞋子；每次上厕所都很慢，其实是因为她总是等所有小朋友先上……我为自己的发现激动不已。于是，我为小白制订了一个"变身"计划。平时，在班上进行一些有趣的比赛，如比赛穿衣服，看谁更快，我故意与她一组。在比赛之前，我先教她穿衣服穿得快的方法；在比赛时，我故意放慢一点儿，让她觉得有取胜的可能，甚至有时候"不经意"地输给她，让她觉得自己能穿得快。开展"一分钟可以干什么"的主题活动，让小白知道一分钟可以干很多事情，了解珍惜时间的重要性。每当小白有一点点进步时，我就在全班孩子面前表扬她……

春风化雨，沁入心灵

"放心吧，阿姨！"对家长的一句承诺，说起来简单，做起来却很难。小白一日生活中的许多事情，包括吃饭、穿衣，都要占据我们大量的时间、精力。我首先从培养小白独立吃饭入手。就餐时，我蹲在她身边，教她拿勺子的正确方式，并轻声地告诉她："一手握住盘子的一端，一手拿勺，先喝汤，再吃饭。"提醒她，饭菜每次要少舀一点儿，以免撒在身上。尽管如此，小白还是将饭菜撒得到处都是。我不厌其烦地收拾干净，为她系好肚兜并继续教她。慢慢地，小白不但能自己独立进餐，有时还会纠正旁边小朋友的不良习惯。之后，在小便时，我给小朋友分好组，偷偷告诉组员帮助她、提醒她；喝奶时，我引导她怎样正确插好吸管；户外游戏时，我们主动邀请她一起玩，逗她开心；活动时，我给她提供机会并鼓励她大胆参与，展示自己……

慢慢地，小白放开了自己，适应了新的环境，也有了新的朋友。她主动和小朋友问好，喜欢和小朋友游戏，做事情也快了很多。更让我惊喜的是，小白诚实、记忆力强，尤其爱跳舞，有时候我故意说："哎呀，老师腿疼，你能带领小朋友跳吗？"她也欣喜地答应了。三个月转眼即逝，到了小白离开的日子，我们为她举行了欢送仪式，小白给大家送上了一支自编自演的舞蹈，博得了大家的掌声。姥姥看到小白在众人面前大胆地展示自己时，激动地握着我的手一连说了很多"谢谢",她说:"原以为小白只待三个月,老师肯定不待见,没想到她的变化这么大。"老人的声音有些颤抖,我的心里倍感欣慰。

"长长的路,慢慢地走",教育就像是漫长的人生之旅,孩子们就像行走在旅途中的游客。教育,慢下来,会收获更多的幸福。

（原文发表于《山东教育》2020 年第 31 期）

生命中，那些贯穿灵魂的等待

杨雪梅

"你这些天干什么去了，怎么一直不来上课？"一声怒喝，将我"定"在了原地，本来有些吵嚷的杂货店里，瞬时静了下来，大家把目光齐刷刷地投到了我的身上。"你这个人到底怎么回事，嗯？"

一个扎着马尾的小女孩仰起头努力与我对视，一手指着我的鼻子，一手叉着腰，满脸的怒意。我翻了翻包，刚想用纸巾帮她擦去已流到了下巴上的口水，她却突然紧紧地抱住了我，小脑袋不停在我身上蹭着，嘴里还絮絮叨叨："等你好多天了，知道不？"

泪，很没出息，唰地一下夺眶而出，顾不得有多少双眼睛正盯着我看。那小小手臂传来的温暖触感，似脉脉清泉，瞬时沿着心底流淌蔓延……

1

确实好多天没去学校了。工作需要，开学前一天，一道紧急命令将我调离了近 20 年的特殊教育工作岗位，仓促得来不及和班上的孩子们说一声再见。

一个人去教室，默默地收拾好了自己的东西，把尘封了两个月的角角落落打扫干净，和照片墙上每一张小脸保持了几秒钟的"对视"，然后，我悄然转身，不说再见。

走廊里，隔壁班那个高大男生似乎仍候在门口，毫不倦怠地向路过的每位老师响亮地问着好，咧开的嘴角里，露出的是得到回应后的幸福与满足；楼梯拐角处，依稀捕捉到小雨探头探脑的身影，两年前的一次工作调整，让我和他之间有了一层楼的距离，于是，他便常常在那里徘徊，看见我出现后赧然一笑，再飞快地跑开；一楼的喧闹中，"那是我们班的杨老师""我坐过老师的车，你呢？"之类的不休争辩还响在耳畔，可摇摇头，周遭只是一片静悄悄；目光带着惯性扫向操场，孩子们活动的身影让我的"小心点儿"脱口而出，只是这次，没有了回应……

一切，都是日常琐屑的再现；一切，又都在这离别之际突然触动心扉。就像这偌大的校园，我曾一直以为它耗费的是我大把的青春时光，离开后才发现，每一寸土地其实也都滋养过我的成长。

近20年的"积蓄"，将车里塞得满满当当。可驶出校门的那一刻，我的心，分明是空的。

2

1999年，中师毕业的我被分配到了荣成市聋哑学校（后更名为荣成市特殊教育学校）工作。这一消息，在我平静的生活圈子里泛起了重重涟漪。"你是个正常人，难道要一辈子比比画画过日子？"

在父母看来，天天守着一群聋哑学生，就相当于自己失语了。"好好的一个姑娘，去教一群聋哑学生？"街坊四邻同情的目光曾陪伴了我好长时间。连自己也始终迈不过心中的那道坎，当被人问及工作单位时，我总是含糊地一语带过。无可否认，工作后的很长一段时间，我都仅限于按部就班地做应该做的事，对那种环境、那群孩子，始终带着无法融入的疏离感。

一个周末，意外的访客搅扰了我内心的平静。邻居气喘吁吁地找到我说："快，村子里来了个不会说话的小姑娘，正见人就举着'找杨老师'的字条打听呢，是不是你的学生？"匆匆出门，看见班上的怡正在人群中边打着手语，边急切地展示着手里的字条。看见了我，孩子飞奔过来，先是从书包里掏出了两个桃子塞到我手里，然后飞快地比画着："老师，你最近脸色不好，前几天也没上课，大家猜你是病了。同学们都想来看你，可是乘车不方便，都在等你回来……"我一怔，有些人说聋哑人的内心是麻木冰冷的，我也以为不健全的世界里情感必定是残缺的，所以从来都没有试着感知过它的温度。

此时此刻，看着这个要换好几次车，步行好长一段路，带着全班的记挂站到我面前的小姑娘，我的心怦然一动：每种职业，都有它必须存在的价值，不论职位是什么；每个孩子，都有值得呵护的心灵，不论健康残缺。只要愿意，在这个特殊的岗位上，我就可以候到别样的春天。

3

2003 年，考虑到越来越多的智力落后儿童面临着无学可上的情况，学校正式更名转型，开始招收智力落后和自闭的孩子。年轻的我也因此成了启智班的一名班主任。

开学那天的忙乱，至今回想起来都心有余悸：被推得横七竖八的桌椅，在陌生环境中哭闹不停的孩子，围着我各种追长问短的家长……好不容易安顿妥了一切，送走了家长，却发现更多的麻烦事在等着我。无论我带着孩子指认了多少次，他们依然找不到厕所，即便进去了，也无法独自如厕；有的孩子根本不会进餐、穿衣，哪怕我手把手地教，也不见什么收效；有的孩子好动到一分钟也静不下来，稍不留神就没了踪影，我只得一次次狂奔出去，四处寻找孩子。这一天的手忙脚乱，不是任何一个词语可以描述的。

沉沉夜色中，拖着两条如灌铅般的腿直直地倒在了床上，饭也懒得吃一口，以为终于可以喘口气了，值班老师的一个电话又生生地将我拉了起来。原来，班上一个小姑娘在地上打滚儿不肯起来，非得找妈妈。我小跑赶到宿舍，看到的是尿了裤子后脱得光溜溜的孩子和她风暴式的哭闹后吐出来的秽物。我捏着鼻子收拾了地面的污秽物，把孩子洗得干干净净送到床上，小家伙却抱着我的脖子无论如何都不肯松开："妈妈，得抱着我睡！"

　　漆黑的夜，一个抽泣不止的孩子，一个累瘫了却坐在床上不敢动一下的老师，构成了一个永远都无法抹去的职业生活印记。在那样的黑暗中，我在等待孩子入睡，等待她的成长，等待永远无法预知却仍要努力奔赴的明天。

4

　　奇是我曾教过的一个孤独症孩子，有一段时间，他的反常行为特别多，推我的门，拍我的窗，甚至随时都可能蹿出来狠狠地扯我的衣角。"这个自闭的孩子，我该拿他怎么办！"我常常叹息。

　　午餐时分，刚走进餐厅，一道身影横冲而来，仓促间，我连忙扶住旁边的桌子以防摔倒，却又感到身后的衣襟被人紧紧揪住，还未回过神，便听到一声呵斥："快松手，说对不起，想不想挨揍？"是奇，在妈妈的呵斥声中，孩子连忙松开了手，规规矩矩地站在原地，而家长则忙不迭地道歉："老师，真对不起，把您的衣服都弄脏了！"

　　"你怎么不看好孩子呢，你没看老师今天被吓个不轻，衣服脏了还得穿着上班……"午饭后，路过学生宿舍，一阵交谈声引起了我的关注。"你们不知道，奇这几年一直在杨老师班上，这个学期换了班主任，他一直等杨老师回班上课，可是始终都没有等到。所以下课时他总是到老师的门外转悠，真拿他没办法。"我一怔，瞬时呆立。

一直以来，我都以为孩子是在顽皮地窥探着每扇门里的秘密，是不受控制地做出种种反常的举动，是发育障碍导致的行为问题，却从未曾体察过这种异常居然只是因为等不到我。幸好，"撞"出来的真相一语点醒了我。再遇见奇时，我会远远地呼喊奇的名字，耐心地看他用自己的方式回应我；会在行走中停下来，等着背后的那个身影跟上来后送他一抹微笑；会在擦肩时顺便帮他整理好竖起的衣领，留下几句叮咛；会在挥手间停下脚步，目送孩子的离开，再静心品味教育中成长的幸福……而那些类似敲窗子、推门、扯衣服的事件再也不曾发生过。

教育的真谛是什么？我们总以为注重对孩子知识的传授、习惯的培养、技能的训练就是尽了一名特殊教育教师的责任，却从来不曾想到，孩子们要的其实比我们想的更简单，他们更渴望成长中那份观照心灵的等待。而等待，就是我能给予奇最好的爱！

5

我怀着复杂的心情离开了学校，离开了那些特殊的孩子，走上了教育研究与教师专业培训的岗位。这样的选择，是在心头辗转许久，才最终做的决定——离开的是我这个人，扎下的却是我对教育和孩子们深深热爱的根。

新单位的领导是这样做我的工作的："知道你爱孩子，喜欢班主任这个角色。但一个人的成长与出色影响的仅仅是你所带的那个班，仅仅是那十几个不健全的孩子；如果你能够带动更多班主任的成长，能够为更多青年教师照亮前行之路，那才是对教育的大爱，才会有更多的班、更多的孩子受益！"半年的时间，犹豫挣扎，掂量比较，最终我选择了后者，从班级管理工作的践行者变成了班主任成长的引领者。还好，我的"班"还在，只是这个"班"，需要我有更高的站位、更远的规划、更费脑力的考量、更专业的指导。

曾经，站在特殊教育的土地上，我坚守了近 20 年的时间，只为做一个"擦星星"的人。在我看来，孩子们就是来到世间的星星，他们被蒙垢、被染尘。我，愿意用自己心灵的拂拭，守望着"小星星们"由灰蒙蒙变得亮晶晶。只是，我一个人的力量是那么微薄，无法让所有的"星星"都闪亮。

如果可以，我希望未来的日子里能做一个"种太阳"的人，引领更多的班主任也把自己变成一束光：面对教育，面向孩子时，他们可以是和暖的，能融化冰，拂却迷霾；面对成长，面向心灵时，他们可以是温润的，能滋养童真，传递快乐；面对烦琐，面向暗沉时，他们可以是明媚的，能发散光亮，播撒快乐。

不论是现在这个想"种太阳"的人，还是曾经那个坚持"擦星星"的人，我都是走在不停追寻的路上。我愿意尽己所能呵护孩子们的心灵，也愿意承担引领班主任成长的重任。

"老师，我先回家了，等着你啊！"拉着我的手唠唠叨叨了半天，小姑娘开心地道别。面对孩子的真挚与纯真，我无法解释原因，只能还给她一个拥抱："孩子，这次，老师等着你，等你长大！"

孩子们，我会一直等着你们，在成长的另一头。这条路上，有梦可栖，也有文为证……

（原文发表于《教师博览》2019 年第 5 期）

第 三 章
搭一个台阶

　　任何一个孩子的成长都是"问题"与"精彩"交织并行的过程。如果老师缺少育人智慧，班级当中的事件就有可能演化为问题且层出不穷；反之，如果老师灵敏睿智，他所碰到的教育问题便可能是一种契机，生发出各种精彩。好的教育，一定是会搭台阶的教育。

课堂来了"旁听客"

张玉芹

上午最后一节英语课，我正带着孩子们读句子，突然，眼尖的孩子惊呼："有虫子！"我抬头一看，一只黄褐色、肚子丰满的大飞蛾不知何时闯入了教室，此刻正落在投影仪上，忽然又飞到了黑板边上。孩子们聚精会神地观察着它的一举一动，我试图将孩子们的注意力转移，便说道："它是来听大家读英语，我们就让它听听咱们纯正的伦敦音，好不好？"说完，我便自顾自地继续领读。可孩子们并不买账，盯着大飞蛾不放，随着不速之客飞上飞下，传来一阵阵尖叫声。我提高分贝嚷道："大家不看它好不好？咱们继续读句子，好不好？"可是场面竟然完全失控，已无人专心听课。无奈之下，我尝试用书去拍它，几个男生拿着笤帚试图踩着凳子把它逼死在洞里，还有的孩子主张把窗户打开，让它自己飞出去，都没有奏效。

此时，我在心里嘀咕：怎么办？难道这节课只能带着孩子们陪着虫子玩了？还是我被一只虫子给"耍"了？情急之下，我灵机一动，让孩子们转到教室后面准备接着上课。然而，平静的状态持续了不到五分钟，可恶的虫子又来"挑逗"孩子们了。它又一次飞到了孩子们头顶，像一架飞机，这一次的尖叫可以用铺天盖地来形容。"好了，不许尖叫了，你们不但会把虫子招来，接下来也会把校长给招来！"我无奈地警告着。忽然，虫子从北边飞到了中间，又飞到了南边，孩子们一个个仰着头，手朝着虫子比画着，"在那里，在那里，又来了"。尖叫声一浪高过一浪，尖叫声中夹杂着兴奋、恐惧，震耳欲聋，恐怕隔着一条街道的人都可以听得到。我急得在心里直跺脚，只好黑下脸来喊道："看谁再敢叫试试！"看到老师来真格的了，教室里马上安静下来了，有几个小家伙还很躁动，被我又一嗓子喝住了。虫子仿佛也被我的"狮子吼"吓飞了，不知不觉没了踪影。

我适时地让学生重新回到座位坐好，课得以继续上下去。我深深地叹了口气，四十五个孩子、一个老师的课堂几乎被一只虫子搅黄了。

晚上，我坐在桌前记录下白天的一幕幕，同时也在反思：是不是我的教育机智运用得不恰当？为了更好地在课堂教学中运用教育机智，我特意翻阅了教育理论书籍，一本书中这样写道：教育机智是教师在教育教学过程中的一种特殊定向能力，是指教师能根据学生新的特别是意外的情况，迅速而正确地做出判断，随机应变地采取及时、恰当而有效的教育措施解决问题的能力。教师该如何应对课堂上发生的意外情况呢？华东师范大学陈桂生教授给出了对策：转移话题，转移看问题的视角，转移学生的注意力，冷处理学生的异常言论或动作，把尴尬事化作善意的笑谈等。

　　根据陈桂生教授的理论，我在课堂上遇到的算是突发事件这一类型，经过了一波三折后，虫子不肯离去，孩子们的好奇心和恐惧感被彻底地激发出来，尽管我采取了多种方法，但都无效，最后只好拿出了教师的权威来压制孩子们的情绪。这样看似一时风平浪静了，但其实不然，从孩子们的表情中可以看出，他们心有不甘，对"不速之客"的喜爱程度远远超过了我的英语课。试想，如果当时我能立刻中止原本的学习计划，带着孩子们学学飞蛾的英语怎么说，一起来观察一下它的身体是什么颜色，学几个关于颜色的单词……课堂就会应时应景生成新的内容，就像把课堂搬到了野外，顺应了小学生活泼的天性，结果不仅会增进师生间的情感，还会带给孩子们一个真实快乐的课堂。可惜，我没有这样做。

　　著名教育家马卡连柯指出，教育技巧的必要特征之一就是要有随机应变的能力，有了这种能力，教师才可能避免刻板及公式化，才能估量此时此地的情况和特点，从而找到适当手段。由此看来，对于一个教育者来说，能够把握教育时机并随机应变非常重要。欢迎可爱的虫子再次光临我的课堂！我准备好了！

（原文发表于《班主任》2019 年第 5 期）

把小水滴放到大海里去

王　青

"赵伟，出列！"在步伐整齐的方阵中，我一眼就看到了那个步调不一致的他。

随着我的一声令下，赵伟走出了队伍，站在了方阵的前面。"你自己喊口号，踢正步走一遍。"我的口气不容置疑，应该说，还有点儿气急败坏，练了这么长时间，还是不能做到整齐划一，我的心中难免有些烦闷。

在众目睽睽之下，赵伟开始了他的练习。摆臂踢腿，他的动作还是非常标准，而且干脆利落、刚劲有力。但口号本应和踢腿同步进行，他的口号却慢了半拍。屡次的失败，我不知他的内心是否波澜起伏，但他目视前方，表情严肃，看不出丝毫的沮丧和气馁。再看看整个方阵，鸦雀无声，也许是被我的严厉镇住了，也许是被赵伟的认真和执着震住了，没有一个人说笑。

几次练习下来，他终于做到了动作协调。伴随着有节奏的脚步声，他用最响亮的声音喊道："心怀——梦想，胸襟——坦荡。"口号和动作完全同步，一招一式，有板有眼。口号声戛然而止，他忘记了后面的内容。他又开始一遍又一遍地练习。口号总共只有四句话，

16 个字，他却像进入了一个怪圈，不是忘了下一句是什么，就是顺序颠倒了，但他喊口号的声音还是慷慨激昂的。方阵里开始传来叽叽喳喳的声音，我觉得又好笑又好气。

断断续续而又嘹亮的口号声，把年级主任也吸引过来了。看到赵伟仿佛被人施了魔咒一般，就是绕不出来时，一部分同学开始笑出了声，主任轻声说："同学们，我们一起帮他喊口号好吗？"同学们跟着赵伟一起喊了起来："心怀梦想，胸襟坦荡，斗志昂扬，发奋图强！"在同学们整齐而高亢的口号声中，赵伟走得更沉稳、更坚定。几遍下来，他的声音很快就融合在集体的洪流中，回响在操场的上空。

赵伟回到了方阵里，我的心里却久久不能平静。一个学生，孤零零地站在队伍的外面，本就有一种脱离集体的孤单。我让他走出队伍，无疑是把赵伟从集体中推了出去，使他处在一个孤立无援的境遇里，让其他同学做旁观者，甚至是看客，嘲笑自己的同学。主任的做法，让赵伟从集体中获得了力量，集体给了他鼓励，给了他陪伴，把他拉回了集体的队伍中，让他有了一种归属感。

"一滴水怎样才能不干涸？把它放到大海里去。"正像水滴离不开大海，一个人的成长也离不开集体。作为教师，我们要充分利用和发挥集体的育人功能，让每一滴小水滴都能汇入集体生活的海洋，做一朵快乐前行的浪花。

（原文发表于《班主任之友》2021 年第 5 期）

温情的沟通，温暖彼此

陈春霞

"老师，我的学习成绩是班上最好的，而且我也积极参加学校的各项活动，可同学们为什么不选我当班长呢？"看着小诗那委屈的样子，我也感觉难以理解。

每学期开学一个月后，我都会组织班干部竞选活动，同学们根据这一个月的观察以及竞选人的演讲公开投票。小诗二年级时是班长，开学这一个月是代理班长，性格外向，爱好广泛，成绩非常优秀。而小方相对比较内向，话不多，在担任代理小组长一职的这一个月中总是默默做好自己的事情。演讲时，小诗激情澎湃，小方语气平和。无论从哪个角度来看，小诗当选班长的可能性都大于小方。难道小诗因为工作原因得罪了同学？因此，我以"说说我的投票理由"为题开展了一次不记名的问卷调查。

孩子们很直接地表述了自己的想法，原来大家认为小诗锋芒太盛，每每有人犯了错误，她总是一通指责，不给人辩解的机会，即便对待朋友，她也让人有一种"都得听她的"的感觉，她的出现甚至比老师的出现更让人紧张。而小方则不然，无论是小组内的工作，还是班级里的相处，她总是笑眯眯的，有人犯了错误，她也是笑眯眯地帮助改错，再轻轻地说一句"下次不要再这样了"。小诗激情澎湃的演讲不仅没给自己多拉几票，相反，同学们马上想到的就是她的"自以为是"。

我把调查结果说给小诗听，小诗更加委屈了："如果我不严厉点儿，他们能听我的吗？"看着激动的小诗，我知道此时再多的说教都不会有任何的效果。我建议她先静下心来，从班长的光环中走出来，用心观察一下小方的工作方式。

两天后，小诗再次找到我，她告诉我，她发现小方对待同学们确实总是笑眯眯的，可同学们就是听她的话，她很想知道其中的原因。

我没有直接告诉她原因，而是给她讲了一个小故事：

> 从前，有一个小世界，里面的所有东西都可以讲话。山瓮声瓮气地说，河用唱歌般的调子说，花与草叽叽喳喳地说……为了让大家都能清楚地听到自己的声音，它们只好越来越大声地说话。直到有一天，一个小姑娘告诉它们："从现在开始，请你们换一种方式来表达你们的意思。"从此，这个小世界每天都发生着神奇的变化：花学会了用香气谈话；草把想说的话凝结成了晶莹的露珠；河开始无休无止地制造浪花；树用脉络表达它们的思想；山没有找到自己的方式，就选择了沉默……小世界变得更加和谐了。

听完故事后，小诗沉默了。

我以此为契机开展了"这样相处我喜欢"的主题班会活动。活动中，我请同学们围绕"日常生活与学习中最喜欢交往的人"和"我喜欢与××交往的原因"两个方面进行了畅谈："我最喜欢交往的人的是××，无论做什么事情，他（她）都会想着我。""我最喜欢的是××，他（她）会非常热情地帮助我。""我最喜欢的是××，他（她）和我说话总让我感觉非常舒服。"……交流中，孩子们也谈到了不喜欢与之交往的人，比如，自以为是、傲慢无礼的人等。

"与人交往是有技巧的，交往中沟通的方法很重要。比如，倾听别人的心声，因为倾听才能真正了解别人的需求；比如，适时地鼓励，因为赏识可以让彼此的心贴得更近；比如，温和地表达自己的想法，因为尊重可以让彼此的关系更加融洽……如果沟通简单粗暴，那么即便你的出发点是为了别人好，别人也不会感受到你的好。"小结时，我看到小诗慢慢地低下了头。

严厉可能让同学们害怕，若只为了管理，人心就会渐行渐远。赢得人心不能靠强制，温情的沟通才能温暖彼此。

（原文发表于《新班主任》2020 年第 9 期）

让每个孩子都愿意"跳"起来

刘昌乐

　　看到我给孩子们写奖状写得手酸，同事们都笑着摇头，纷纷发出了质疑的声音。"每个孩子都能得到奖状，那还有什么意义？""那些退步的孩子，难道你也要表扬吗？""连及格都没有达到，却能拿到奖状，家长会怎么想？"……其实，同事们提出的问题我都考虑过，之所以决定这样做，并非我一时的心血来潮，早在七八年前，我就萌生了这样的念头。

　　我曾教过一个叫项的男孩，她的妈妈是一名幼儿教师，对他的期望很高。项也是一个很积极努力的孩子。他平时表现非常优秀，课堂任务和家庭作业的完成及时又高效。项知道妈妈对他的期望，每次考试都想为妈妈赢得一张奖状。可遗憾的是，他每次考试的成绩都不理想，每当我发奖状的时候，他都仰着一张渴望而兴奋的小脸，眼中满是期待。而看着他的眸子一次次明亮又灰暗，我的心也跟着起起落落，很不是滋味。我不忍看着孩子如此受打击，终于，有一次，我决定向级部主任多要一张奖状。可是，当我说明原因时，主任却说："你的想法是好的，可是假如孩子的妈妈知道这张奖状是你帮他讨来的，她会怎么想？班上其他的学生和家长若是知道了，又会怎么想？"是啊，教育要公平，主任说得很有道理，我不能这样感情用事。因此，那一次，项又没能如愿以偿。发完奖状，我偷偷瞄了一眼项，孩子滑落脸庞的泪水和那双灰暗的眸子深深地刺痛了我的心。

此后每次发奖状，我都会不由自主地想起项，听说他上了初中后就不那么好学了，结果没能考上高中。有时我会后悔当初自己没有坚持为他讨得那张奖状，也许，有了那张奖状的激励，孩子真会有不一样的成长。

闲暇的时候，我经常对着奖状沉思：有些学生，热爱学习，平时也很用功，但考试是存在很多变数的，每学期只有一次期末考试，难道就因为孩子没有考好，就否定了孩子一学期的付出和努力吗？奖状是用来激励孩子上进的，为何却成了孩子心中的伤痛呢？

随着思考的不断深入，我发现在发奖状这件事上，学校存在许多问题。教育一直强调应该把孩子的目标定得低一点儿，让学生"跳一跳，就能摘到果子"。那么，我们是不是也可以将奖状挂得多一点儿，低一点儿，让每个孩子都愿意"跳"起来，也都能"跳"起来，摘取到属于自己的荣誉呢？

要放假了，我想让每个孩子都高高兴兴的，所以，我为他们都准备了一张奖状。在学校传统的荣誉之外，我又给孩子们增设了许多新的荣誉，学习上我把原来的"学习标兵"细化为"三好之星""双优之星""学习达人""单科状元""进步之星""勤奋之星"等，习惯养成方面我又增设了"读书达人""诗词达人""小作家""礼仪之星""孝心少年"等不同名目。我根据学生平时的表现和考试的实际情况，为每位同学量身定做了属于他们自己的奖状。

班级的颁奖典礼上，学习成绩始终名列前茅的小彤获得了"优秀班干部""三好之星""语文单科状元""小作家"四项重量级的荣誉，赢得了大家热烈的掌声，她拿着奖状情不自禁地亲吻，欢欣之情溢于言表；文静的小嘉获得了"进步之星""勤奋之星""孝心少年"的荣誉，拿到奖状的她虽然显得有些羞涩，却仍然难掩满脸的喜悦……没有一个孩子不在乎，也没有再看到任何一个孩子流露出受伤的表情，那一张张喜悦、激动的笑脸，让我的心也随之飞扬。

跳一跳，就能摘到果子，而且能够摘到许多不同的果子。我想，如此一来，还会有哪个孩子不愿意"跳"起来呢？

（原文发表于《教育视界》2018 年第 5 期）

给尊重一个"台阶"

曲艺宁

马修是一所男子寄宿学校的助理教师，这所学校有个外号叫"池塘之底"，因为在这里就读的学生大部分是问题儿童。在管理班级的时候，马修对班上的每个孩子都给予了满腔的热情与期待，面对孩子们的过错，他都会在实践中给他们改错的机会，挖掘他们的闪光点，他专门为孩子们谱写歌曲，用纯净的音乐唤醒了孩子们冰冷已久的心，这是法国电影《放牛班的春天》中的一个片段。在我的班级中也曾出现过许多问题，当遇到所谓的"问题儿童"时，是用一颗母亲的慈爱之心去温暖学生，还是用不经意间的冷漠让学生渐行渐远，往往就在班主任的一念之间。

那是我踏上工作岗位的第一年，对于第一批学生的成长，我倾注了满腔的心血。元旦将近，我特意提前为孩子们亲手做了一些牛轧糖和小饼干，准备放假前发给学生，给他们一个惊喜。

当我把精心准备好的糖果和饼干拿到教室，发到学生手里后，学生都喜不自禁，纷纷打开袋子试吃，整个教室其乐融融。就在这时，我看到了不和谐的一幕：坐在讲台旁的小瑶并没有如其他同学那样大快朵颐，而是随手把饼干扔在了一边。我由此想起小瑶入学以来的种种表现：性格孤僻，特立独行，不愿意与老师和同学交流，被同学暗地里当作"怪胎"。也许小瑶不是有意的，我暗自安慰自己，但心里还是有些不是滋味，这些饼干虽不贵重，却是我花费了大量的时间和精力亲手制作的。我正思考着如何应对这件事时，班里的一些同学发现了小瑶的举动，纷纷指责起来。眼看着小瑶就要成为众矢之的，被"群起而攻之"，我连忙打圆场，把小瑶叫进了办公室。这是入学后我第一次在办公室正式与她交流，她表现得有些手足无措，我先是让她坐下，为她倒了杯水，然后笑着问她："瑶，最近是不是觉得胖了，要减肥了，所以没吃饼干？老师理解你，舞蹈生要保持身材。"果然，她先是一愣，然后如释重负般露出了笑容，马上回答："是的，老师，舞蹈老师说我不能吃零食，其实我很想吃的。""自律是人最可贵的品质之一。美食当前，你能克制自己的欲望，真的非常难得。"我不禁对她竖起了大拇指。瑶不好意思地低下了头。我笑着问："那你觉得这件事有没有更好的处理方式？比如跟老师说明，或者转赠给其他同学？"我期待地望着她。"老师，我知道了，不管我是否愿意接受您的好意，我都应该尊重您，不该把您的劳动成果扔掉。"我赞许地看着她，说："有这样一句话，尊重别人是一种美德，被人尊重是一种幸福。如果换一种处理方式，你拥有了美德，老师也收获了幸福。你说呢？"说着，我从抽屉里拿了一个苹果递给她，说："既然你不吃零食，那就吃个苹果，祝福你新的一年平安吉祥，老师给你的礼物，与其他同学都不同。"小瑶脸上的表情一下子亮了，她兴高采烈地拿着苹果回到了教室，脸上的不安一扫而空，她刹那间如释重负的表情，在我头脑中至今清晰如昨。

后来，这个曾经性格孤僻的小瑶考上了大学，令所有人都刮目相看，更是成了之后我时常挂在嘴边的励志典型。小瑶毕业后的每一年，我都能收到她寄来的贺卡。

每每回想起这件事，我都很庆幸当时自己运用了理智、恰当的方式，不仅成功地控制住了自己的情绪，更是给了小瑶一次机会。

宽容之于教育，犹如苏霍姆林斯基所言："要像对待荷叶上的露珠一样，小心翼翼地呵护学生幼小的心灵，晶莹剔透的露珠是美丽可爱的，却又是十分脆弱的，一不小心露珠滚落，就会破碎，不复存在。"学生在成长过程中难免会出现各种错误，如果此时呵斥和训责，可能会把学生推到对立面，或从此使他们产生逆反心理，关闭心门；而给学生一个"台阶"，却能使学生感受到老师给予的信任和尊重，从而点燃学生成长的火花。

（原文发表于《福建教育》2020 年第 47 期）

道是无意却有意

曲艺宁

　　随着元旦的临近，学校一年一度的歌咏比赛又要开始了，看着其他班主任胸有成竹地选好曲目，如火如荼地组织学生排练，初次担任班主任的我不禁着急起来。在仔细阅读学校通知后，我连夜选定曲目并编排了节目内容，准备第二天一大早给学生一个惊喜。不承想，他们的反应出乎我的意料，纷纷说我选择的曲目陈旧，内容老套，让他们产生了审美疲劳。他们一致要求将参赛曲目换成流行歌曲。

　　看着学生热切、期待的目光，我暗自思忖：若强制学生排练我选定的曲目，他们肯定有情绪，与其如此，何不放手让他们自己选曲排练？于是，我微笑着对他们说："好，老师尊重大家的意见。既然你们如此有信心，那么老师就放权给你们，我给你们当助手，如何？"学生们欢呼雀跃。我接着说："不过，老师必须提醒你们，每一种选择的背后都对应着不同的结果，无论这次比赛最终成绩如何，大家都必须接受，因为这是你们自己的选择。"

　　学生的兴奋劲儿还没过去，听我这么说，都不以为意，兴高采烈地答应了下来。文艺委员小许一马当先，立即筛选出几首大家喜爱的流行歌曲，紧锣密鼓地组织同学排练。接下来的一段时间，我总是趁着早晚自习的时间到教室参与学生的排练，偶尔对队形或声部问题进行一下指导。

这一天，比赛终于到来了。看着学生信心满满地走上舞台，我心里也暗暗期待。可惜，由于学生太过紧张，表现欠佳，加上选曲音域太宽，有的学生出现了高音唱不上去、跑调等问题，而且流行歌曲比较复杂难记的歌词，导致有些学生出现了忘词现象，只能跟着哼唱。因此，比赛的成绩很不理想。

回到教室，学生一个个耷拉着脑袋，哭丧着脸，像霜打的茄子，完全没有了选曲那天的神采飞扬。我快步走上讲台说："大家对这次歌咏比赛的成绩满意吗？"学生纷纷摇头。一向机灵的文艺委员小许不甘心地看着我嘟囔了一句："老师，怎么会这样呢？"

"是啊，这正是我想问大家的：你们觉得，这次比赛为什么会出现这样的结果呢？"我反问道。

学生你一言我一语，展开了激烈的讨论，小李率先给出了自己的结论："老师，我觉得这次比赛的评委不公平。"小玲插嘴道："对，就是评委不公平。"小浩认为是因为服装不统一，小梦说因为抽到的上场顺序不够好。我沉思了一会儿，说："如果你在马路上摔倒了，你的第一反应是责怪地面不平整，还是抱怨你的鞋子不好，或是认为是自己不小心导致的呢？"听到这儿，学生都低头不语，我接着说："相信大家都知道一件事成功与否的关键取决于内因，内因是变化的根本，外因是变化的条件。你们刚才说的服装、上场顺序、评委的公正与否等因素固然重要，但最重要的还是大家的演唱水平。刚才我在场下听了大家的演唱，应该说，大家都尽力了，但导致大家没有发挥出应有水平的重要原因，其实是曲目的选择。合唱曲目不但要好听，要考虑题材、节奏、速度与力度，还要考虑音区与音色，这是由你们这个年龄段的嗓音特点决定的。歌词，最好朗朗上口，容易记忆，这样就不会出现忘词的现象。虽然这次比赛的成绩不理想，但你们经历过、努力过。老师看到了大家强烈的集体荣誉感与强大的向心力，希望大家不要气馁，要学会从失败中反思，这样才能更好地应对未来的挫折与失败。"

学生若有所思地看着我，有些学生频频点头。文艺委员小许说："老师，您是不是早就预见了今天的结果？您知道我们选曲不当，为什么还要放手让我们自己排练呢？如果您坚持您的意见，也许我们能获得一个好名次呢！"

"老师让你们自己组织这次活动，看似是无意之举，其实是经过深思熟虑而有意为之的。如果老师固执己见，坚持让大家按照我的思路排练，你们的内心也许会有诸多不满，即使排练恐怕也会消极怠工，带着消极情绪去演唱，结果未必比现在好多少。让大家自己编排组织，虽然选曲不太适合，但也从另一方面证明了大家还有努力的空间，以后学校再举行类似的活动，你们就不会如此任性，而会认真听取老师的意见与建议。由此延伸到在家庭和社会中遇到困难和问题时，大家不妨也多听听家长的意见，这样可以让大家少走或不走弯路。因此，这次成绩不理想，老师虽觉惋惜，但不后悔。"

　　归因理论是解释人的活动成功与失败原因的动机理论，它是通过改变人们的自我感觉、自我认识来改变和调整人的行为的一种思维模式。在日常教育实践中，我们不难发现，在面对失败或成功的时候，学生往往很难采取正确的归因方式。因此，教师要善于抓住教育契机，培养学生良好的归因心理，引导他们以正确的态度应对学习和生活上的挑战。另外，学生犯错是偶然中的必然，教师可以适时给予他们犯错的机会，让他们经历"肯定—否定—再肯定—再否定"的过程，在不断否定和修正的过程中获得更加深刻而丰富的体验，从而实现自我发展。

（原文发表于《江苏教育》2021 年第 49 期）

黑板"影响"灵魂

刘兰芳

周二开始了升入初三以来的第一次月考，今天各科成绩新鲜出炉，教室里、走廊上不时可见打探成绩、互相询问的小脑袋。

来到教室上课，里面一片喧闹：奔走活动的，忙着做课前准备的，相互交流的，坐在位子上瞅我的……连今天的黑板也不知该如何形容：说它没擦，肯定是擦过；说它擦过，偌大的玻璃黑板，花花绿绿、斑斑点点，有数学课三角形的边角，有英语课字母的"尾巴"，甚至有生物结构图的痕迹，整块黑板像蒙了一层霾，阴沉沉的，和满教室的生机极不相称……

片刻，我思索了一下，指着黑板问道："这黑板擦过没有？""擦过！"几个孩子抬头回答。"大家觉得擦得怎么样？"孩子们一个个都把目光投向黑板，有的孩子歪着头撇撇嘴，表示擦得不太好。"用这样的黑板写字，你有什么感受？""感觉心里不太舒服！"一个男生说。"能不能具体形容一下你的感受？"我问道。

"老师，感觉就像刷牙没有用牙膏，心里有点儿别扭。"一个女孩说。

"像吃饭的时候发现盘子没刷干净，"一个男孩说道，"我真想上去帮他重新擦一下！"

　　我点点头，说："看来这位同学不太会擦黑板，其实擦黑板和拖地一样，不能胡乱地擦，要朝一个方向擦。"拿过板擦，只见板擦上已堆积了五颜六色厚厚的一层粉笔末，我走到窗台边，在窗外轻轻磕了几下后，从黑板底部开始有序地擦起来，包括黑板的边沿也没有放过，黑板瞬间变得整洁、黑亮。

　　"现在，看黑板的感觉和刚才有什么不一样？""感觉心里爽快了。""一下子舒服多了。"还有几个孩子挺直了腰杆，小眼睛也亮闪闪的。

　　"是的，孩子们，刚刚黑板确实擦过，但感觉很不舒服，确切地说是影响了我们一起学习的心情。然而，只需一分钟，眼前的黑板却带给我们不一样的感受，这就是事物对我们的影响。"

　　"你们能说说什么是影响吗？"我接着问道。问这个问题是因为这次月考的阅读题就是"每个人都有影响力"，课前通过翻阅试卷，我发现很多同学没有理解"影响"一词的含义。试题中有这样一个问题：你的父母对你的行为习惯有怎样的影响，用简练的语言概括一下。孩子们的回答五花八门，例如，父母告诉我要孝敬长辈，在妈妈的影响下，我经常利用星期天的时间去看望爷爷奶奶；我的妈妈很爱吃零食，在妈妈的影响下，我养成了爱吃零食的习惯；妈妈很喜欢读书，并要求我每天晚上都要读书，经过一年的训练，我养成了每天读书半小时的习惯……

　　一个女孩说："我觉得影响就是别人的言语、行为对你产生的作用。"一个男孩接着说："我觉得影响就是不直接告诉你怎么做，而是通过自己的行为，对别人的思想或行为产生潜移默化的作用。"

我同意道："是的，影响就是指以某种方式对他人产生作用。通过一块整洁的黑板，我们感受到的是擦黑板的同学认认真真的办事态度，这也会微不可察地影响这节课我们的学习状态。同样，有深度的思考、一句响亮的回答、一个微笑都会对大家产生意想不到的效果，这就是影响……"

不知何时，孩子们的背似乎挺得更直了，看我的眼神似乎更加专注了，目光的对视中，我们更清晰地感知对方在自己心目中的重要地位，我也更加明确作为一位师者的责任。

我不知道这节语文课会对孩子们产生什么样的影响，只是感觉我与孩子们的心更近了，多了一份难得的默契；我也惊喜地发现，黑板上孩子们的字比以前更清晰、更漂亮了！

有人说："教育就是一棵树摇动一棵树，一朵云推动一朵云，一个灵魂唤醒另一个灵魂。"我想：所谓的"摇动""推动""唤醒"就是影响吧。

也许，在平常的日子里、繁忙的工作中，我们无暇去教学生如何擦好一块黑板；也许紧张的学习之余，孩子们也从没想过该怎样擦好一块黑板。但就是这些看似与知识、成绩等无关的，甚至微不足道的小事，却无时无刻不在影响着孩子的生命与灵魂。

（原文发表于《当代教育家》2019 年第 2 期）

"捣蛋大王"变形记

杨雪梅

从没想过，刚接手新班的第一天孩子们就给我来了个下马威，我仅仅离开十几分钟临时开个小会，教室里已经炸开了锅。也难怪领导安排工作时曾特意打过招呼："全校有名的'捣蛋大王'在你那儿呢，他走到哪儿都能搅动一锅粥，尽最大努力试试吧！"

看到阴沉着脸走进教室的我，那些叽叽喳喳、左顾右盼的小家伙终于静了下来，唯有辉——那个让很多老师头痛的"捣蛋大王"昂着头，用满眼的不在乎宣告着：想发火尽管发，反正对我没有用！

辉果真不是一盏省油的灯。每走到一个孩子身边，我都会稍稍驻足，小家伙们的头便会垂得更低。走过辉的身边，我却直接无视他的存在……

坐在办公桌前，细细回味我离开教室前孩子们的神情：一个个坐得端正笔直在认真听课。掠过辉的瞬间，发现他虽然没坐好，依旧昂着头，但已经没有了刚才的桀骜与挑衅，微微呆愣的神情中透着满满的不可思议。打开前任班主任的班级工作笔记，上面有与辉有关的资料："搅动一锅粥"——这孩子应该蛮有领导力吧！"喜欢收集一些乱七八糟的东西，还曾经自制过手电筒"——有头脑，善动手！"他乐意参与的事都能做得非常棒，就是固执倔强，视老师如天敌，总跟老师对着干"——果真个性十足……原就不那么整洁的纸张，因为我的边琢磨边点评，更加乱糟糟了，但我的心绪却渐渐明朗，决定进行全新大胆的尝试。

一次卫生检查为我创造了契机，我说："孩子们，昨天来检查的老师说大家课桌里的书本摆得都不够整齐。"小家伙们纷纷低下头去查看。"但是，我发现咱班有个孩子的书本整理得像砖头一样整齐，我建议大家都去看看辉整理的书本，顺便取取经！"我含笑的目光对上辉有些意外的表情，他很快带着一抹羞赧低下了头，又很快为大家演示了他的整理方法。一个小小的契机，孩子一丝愉悦、明亮的眼神，让我欣喜于自己那番费了心思的尝试。而辉也真的没有让我失望：告诉这个同学方法，指导那个同学该怎样做，不一会儿，孩子们课桌里的书本已是整整齐齐，而辉正指挥着一个同学清扫着座位底下并不起眼的垃圾……

接下来的日子里，我开始如同对待其他同学一般对待辉：课下走到他身边聊几句，他调皮时我也会顽皮地在他脑门儿上弹几个响，然后看着他无奈地摸着头，我会开心大笑；课上我也会板着脸用半嗔半怒的语气告诉他该做什么，该怎样做更好；知道他对历史故事感兴趣，我会不时和他交流相关内容或为他带来几本历史读物；更重要的是，我利用自己学过的心理学知识，想办法给予辉更多的肯定和正向引导，让他在不知不觉中跟上我的步伐。

又一次自习课，我匆匆忙忙结束手头的工作后奔向放心不下的教室，临近门口却听见熟悉的声音传来："凳子放桌上，你们靠边排好，我拖地时别走动，会踩脏。"是辉！见我进来，辉一手扶着拖把一手指着门外说："蕊脚上有泥，把地踩脏了，我让她出去把鞋底弄干净。"……

看着教室里的妥帖有序，我不由得心头一暖：不知不觉间，小家伙已经懂得事事想在我的前头了。很快，辉就被推选为班级的纪律委员，即便有时教室里无人看管我也无须忧心，因为在我一路的指引与陪伴下，辉早已成了我安放在教室里的那个神奇的遥控器。而我也愈加坚信：换一下教育方法，每一个孩子都可以更出色！

（原文发表于《山东教育》2017 年第 10 期）

美丽的花儿与青葱的少年

李　楠

　　我做了 20 多年班主任，眼看着学校的管理越来越精细，越来越规范，连下课上厕所的行走路线、课堂上的坐姿，还有桌洞里哪边摆什么书、哪边放什么本子都做了具体规定：管理是跟上去了，可学生的自主空间却少了。正在我每天担心学生的个性该如何发展的时候，小彤就向我展示了她的"个性"。在实践基地活动中，我后知后觉地发现她与班中的才子小嘉有点儿异样。他俩单独玩着模拟驾驶，笑意盈盈。他俩看着彼此的笑容让我一瞬间感觉到了不对劲儿。

　　我赶紧找班长了解情况。原来，小彤在半个月前就在班级中与小嘉拉起了手，课间用行动向大家宣告这个男生是她的，谁也不许跟她抢，而小嘉在小彤热情霸道的攻势下也开始心动。

　　两人越走越近，周末也会偷偷结伴去广场溜达。怪不得小彤这两周成绩开始下滑，怪不得小嘉在课堂上总爱发呆，原来出现了情况，我第一时间与他们的家长取得了联系。家长了解了情况后也开始着急，但都顾虑着这是感情问题，生怕说得不恰当让孩子有逆反心理，所以，还是让我来跟他们谈。

是小彤主动追的小嘉，于是我便找到小彤，委婉地告诉她学习来不得半点儿分心。她用力地点着头，可成绩依然下滑得厉害。我带她看校园中柿子树下的草莓，启发她只有在合适的时间果子才能长成，否则，收获的只能是青涩的果实。她依然用力地点着头，可她控制不住自己的心。一切的努力在小彤身上都是徒劳的，怎么办呢？

语文课上，我领着孩子们读了一本书的精彩片段。第二天便有孩子告诉我，他们已经买了这本书，打算好好读一下。阅读是有力量的，何不以此为契机成立一个阅读俱乐部，让孩子们在阅读中感受世界，更好地成长呢？于是，我立刻在班中发起倡议，成立爱书人书友俱乐部，以书为友，让喜欢阅读的学生因书而聚，在阅读中领略文字与生活的魅力。报名的三十几个人中，小彤和小嘉都在。我们一起讨论制定了俱乐部规章，由我来推荐阅读书目。我一口气列了一大串书单，我们的俱乐部阅读活动就此开启。

《摆渡人》是我们共读的第一本书，迪伦和崔斯坦的年龄与孩子们相仿，他们正处于对爱情有着朦胧幻想的年纪，看似是在说一对少年彼此的无私帮助，实则告诉我们，每个人都是自己灵魂的摆渡人，自己的命运要靠自己"摆渡"。我要求学生每天都要在俱乐部的群中打卡，将自己的阅读感受写出来，一来增强阅读的仪式感，二来学生也能够交流分享，以此激励大家更好地阅读。小彤读得非常快，每天她都是前几名打卡的人。我知道，这个女生在阅读小说中释放着自己的情感，也许某一时刻，崔斯坦会与她心仪的男孩彼此重合，但我没有点破，只是让她沉浸在阅读的世界中，感受着那种美好的力量。读完后，俱乐部的孩子们凑在一起开始了第一次阅读交流会，主题就是"谁（什么）是你灵魂的摆渡人"。有的同学由崔斯坦与迪伦成功打破生死结界，虽经历重重困难却一直相互扶持的情形想到了母亲，想到了亲情，认为母亲是自己生命中的摆渡人；有的同学认为，书中主人公的摆渡人的出现源自对爱的追求，所以要做一个有爱、追求爱的人。小彤自始至终都没有发言。最后，一个女生认为自己才是自己灵魂的摆渡人，"吾心之所向，即为摆渡人"，摆渡人来自心灵的需要与想象，"如果我真的存在，也是因为你需要我"，所以灵魂的摆渡人来自自己的信念，"我"即一切！一切事物和人都是迪伦的心像幻化出来的，只有积极乐观向上的心态才能让自己不踏进荒原，让生活充满阳光。大家不约而同地为她送上了掌声，小彤也一起鼓起掌来，为女生的通透，更为那句"自己才是自己灵魂的摆渡人"。因为父亲的过早离去，她一直希望有个男生可以保护她、照顾她，但这句话却让她发现原来自己可以保护自己。

读完了《摆渡人》，孩子们意犹未尽，我们开始阅读《平凡的世界》。这本书所描写的生活与孩子们的生活状态相距甚远，但书中主人公的情感经历和对理想的追求却一直吸引着孩子们。小彤看到少安因为生活窘迫，不得不向生活低头，与不要彩礼的对象相亲时有感而发："有一些事并不像自己想的那么美好，就像少安明明和润叶那么般配，可是有家庭背景这一堵墙阻挡，使他们只能做普通朋友。"读到后来少安和秀莲患难结发、矢志不渝的爱情时，她对爱情有了新的看法，之前她对秀莲的出现一直是心怀芥蒂的。在她看来，爱情就是少安与润叶圆满地生活在一起，没有任何阻力快乐地过日子。原来，爱情是要以生活为基础的，爱情有时候需要向生活妥协，而且妥协的爱情未必都不圆满。而小嘉看小彤的眼神也开始慢慢变得理智起来。

读完《平凡的世界》，我们又开了一次阅读交流会。这次的交流，使大家对亲情、友情、爱情等又有了更深的理解与感悟。孩子们说，我们每个人都是平凡的，生活在平凡的世界中，我们又可以创造出不平凡的生活。孩子们的思维在阅读中变得开阔，对事情的看法也更加理性。小彤是发言最多的人，从她的发言中，我发现了这个女生的爱情观正在慢慢走向成熟。半年时间，我和俱乐部的孩子们一起读完了七本书。也许他们的语文成绩并没有得到明显的提升，但他们的心灵却日渐丰盈。小彤也在阅读中变得理智起来，虽然她依然爱慕着那个优秀的男生，但她已可以坦然面对自己的心，在学习与感情的天平上寻找对自己来说最恰当的点。

看着找我聊天儿的小彤的五彩花海的头像在不停闪烁，我知道她与小嘉的关系在半年后回到了正轨，我也知道她一直感谢我没有对她粗暴地制止，而是让她在最敏感的时期通过阅读从容地走过了心中那片炽热的岩浆区。美丽的花儿与青葱的少年安然度过了所谓"早恋"的不安期，他们也多了些同龄孩子所没有的从容。

生活是一场爱与被爱的修行，教育也是一场爱与被爱的修行，关键看你用了怎样的智慧去爱。

（原文发表于《教师博览》2022年第22期）

第 四 章

不妨转个弯

在对教育这门学问的探索中，我们是会时不时地碰壁的。比如，学生或猛烈或消极的对抗，家长或无声或有形的疏离……如果总按常规去应对，总用老办法去化解，教师往往会感受到无力与无助。很多时候，只要转个弯，就有别有洞天的精彩。

让批评"转个弯"

杨雪梅

"老师，青的小饭勺又丢了！"不知从什么时候起，班上屡屡出现丢勺子的怪事，这在以前是未曾发生过的。

虽然面对的是一群有缺陷的孩子，但我这个班主任一直都非常注重对他们生活自理能力的培养，引导孩子们保管好自己的东西自是不在话下。到底是哪儿出了问题呢？我决定好好地查一查。

"谁又把勺子弄丢了，站起来我看看！"我故意用比平时高了许多分贝的声音严厉地责问着，同时也用眼睛的余光关注着每一个孩子脸上的表情。丢了勺子的青老老实实地站了起来，这孩子一直都是我的小助手、小管家，断然是不会丢三落四的。再看看其他孩子，面对我无比严肃的表情，也都把头垂得低低的。可我还是发现了一丝异样，那个叫龙的男孩低下头的一瞬，眼神里分明流露出一丝幸灾乐祸的笑意。

龙四肢不协调，口齿也不清晰，但头脑却比别的孩子灵活。由于龙行动不利索，父母对他几乎不闻不问，所以这孩子看起来永远是一副脏兮兮的样子，即便我这个班主任，也真心不愿靠他太近，总是带着几分客套的疏离。为了验证龙的那丝笑确实别有深意，我只好顺着心中的"剧本"继续演下去：先严厉地批评了丢勺子的孩子，然后非常无奈地告诉大家：老师买的备用勺子也都用完了，青中午没了勺子可怎么吃饭呢？最后，我向同学们求助，看谁有多余的勺子愿意借给青用一下，我会在期末优秀评比中给他加上两颗星……同学们纷纷摇头表示没有。龙犹豫了一小会儿，终于举手告诉我，他包里好像还有一把勺子。

"龙真是个乐于助人的好孩子，老师先谢谢你！"龙拿出勺子的那一瞬，我便看出勺子的式样和他平时用的有些不一样。为了不惊扰到他，一番表扬后，我很快开始了正常的班级活动。

第四节是体育课，孩子们都在操场上活动。我趁机来到教室，用一把备用钥匙悄悄打开了龙的衣柜，堆积散乱又脏兮兮的衣服散发着异味。在柜子底层的书包夹层中，好几把勺子被一条毛巾裹得严严实实。一切疑惑皆在这一瞬间找到了答案，而这答案却带给我更大的疑惑：孩子这样做的动机到底是什么呢？我强迫自己回到办公室，想冷静地厘清思绪，再来解决这件事。

与其他孩子相比，龙是聪明、敏感而自尊心极强的，那种聪明常用在与伙伴们打交道时耍的种种小心思上，那种敏感常体现在对我的察言观色中。每当我表扬别的同学忽略了他时，龙会一脸落寞；批评他人时，龙则掩饰不住脸上的得意……这个孩子为什么要把别人的勺子拿走呢？作为一名几乎已被家长放弃的孩子，又被我这个"无心"的班主任残忍地忽略了，孩子是不是用这样一种失当的方式寻找着心理的平衡？其实，孩子分明有着一颗极度渴望被关注的心！

　　被忽略太久的童心显然已经有了伤痕，若我再来一顿狂风暴雨式的批评，则无异于雪上加霜。要恰当地处理好这起丢勺子事件，我得适当地转个弯。

　　"孩子们，最近咱们班丢东西的事儿时有发生，老师也天天跟着找得头痛，我决定选一名生活班长来帮忙监督大家管理好自己的物品。我发现龙是咱们班最会看管东西的人，因此我决定由龙来担任生活班长，大家同意吗？"临放学前，我走进教室宣布了这个决定。"同意！"在一阵热烈的掌声中，龙这个生活班长就走马上任了。对这个小班长，我自然免不了一番叮嘱：一定要监督同学们保管好学习、生活用品，发现班上丢东西了一定要及时帮老师寻找，班长得努力做好老师的助手、同学的表率……

　　转了个弯的效果还真是不一样：在龙的监督下，孩子们的自理、自律能力增强了；那些丢失的勺子没过多久也在生活班长的帮助下很顺利地"找到了"；得到了更多关注与肯定的龙也越来越讲卫生，与伙伴们的关系越来越亲密了。我更是成功地收获了一个非常得力的小助手！

（原文发表于《山东教育》2016 年第 27 期）

不是每种爱都适合高高捧起

孙治国　杨雪梅

一直以为，作为一名特殊教育工作者，我的职责就是高高捧起自己竭尽所能发散光和热的心，为孩子的成长照亮前行的路……

接手新班不久，我便在课间嗅到了一抹不同寻常的气息。按惯例，大课间活动结束后，班上的孩子们都有一段吃零食的时间。每每这时，十几个小天使便会忙不迭地从柜子里取出父母精心准备的零食，边仰起小脸期待着我每天带来的新鲜事儿，边快乐地享受着一份爱的美味。辉是一个例外，我经常捕捉到的是吃零食的时间他异于平常的沉默和越发低垂的头。看看孩子身上灰旧的衣裳，想想这个瞬间他与众人的格格不入，我的心便被揪扯得生疼，也越发迫切地想走近这个小家伙。

几经打探，心中的迷雾重重拨开：辉很小的时候父母便离异，孩子跟随多病的父亲一起生活。父子俩时常得靠亲朋的接济糊口，更遑论每天奢侈地准备一份零食了。生活的窘迫居然可以不堪至此，再看孩子时我便格外多了份怜惜，恨不得自己化身为一缕阳光，能拂去童心中那份成长的阴晦。

我兴冲冲地奔向超市，水果、牛奶、饼干……把自己能想到的孩子们可能会喜欢吃的东西"扫荡"了满满一兜，在又一次吃零食的时间，我挑了个最大的苹果送到孩子面前，说："辉，这是老师给你带的！"满心期待孩子欢喜接下的场面却并没有出现，辉的头反而垂得更低，脸蛋儿微红地嗫嚅着："老师，我不爱吃……"即便我手中的零食换了一样又一样，孩子依旧把头摇得像个拨浪鼓。

"一个十几岁的孩子，怎么可能会不爱吃零食呢，莫非……"一种异样的感觉涌上心头。为了验证自己的想法，几天后的运动会上，我决定将那一包零食当作奖励分发给孩子们。

"同学们，因为有了每个人的全力以赴，才有了运动会上咱们班如此优秀的成绩，这是我们的战利品……"我边麻利地打开袋子，边吆喝着孩子上来挑自己喜欢的零食。在快乐中，每个孩子都挑到了两样自己喜欢的零食，辉的手里赫然举着一个大苹果和一包酸奶，眼角眉梢里绽放着夺目的神采，与小伙伴们叽叽喳喳闹成一片。

果真如此！不够细心的我只是一厢情愿地想尽己所能给孩子些关爱，却忽略了辉生性敏感、自尊心极强。那份失当了的爱恰如一种变相的伤害，将一个孩子小心翼翼藏匿的心思赤裸裸暴露于众目睽睽之下。其实只是稍稍转转弯，化爱于无痕，便能换来这一室阳光。

辉的事件不由得让我联想起两年前的那一幕：班上的臣也是个家境窘迫的孩子，担任班主任期间，我曾多次去其家中走访，其父母每每碰见我都如家人般亲近。一次，我外出学习时，学校通知上级有扶贫助学名额，班主任酌情申报。我没有多想，便叮嘱同事帮忙把臣的名字报上去。结果我学习归来，同事气呼呼地告诉我，臣的家长死活都不肯去居委会开贫困证明，生生浪费掉了一个名额。更令我无比郁闷的是，从那之后，臣的母亲见了我总是躲得远远的……

曾经，我一直以为，爱是需要被高高捧起才能温暖他人的。今时今日，辉——这个十几岁的孩子却用自己的表现为我上了刻骨铭心的一课；甚至，那时那日，那个与我渐行渐远的家长也在用疏离无声抗议着我自以为是的爱……

有种爱，适合捧起来变成阳光，映照每一颗心灵；有种爱，只有低入尘埃，方能流淌出脉脉温情！

（原文发表于《福建教育》2017 年第 4 期）

隐蔽的关爱更温暖

曹新燕

看到她一瘸一拐地走着，我心里真不是滋味：明知道她是装的，却不好说出来。

她是淼淼，一个相貌标致的女孩，刚在学校拔河比赛中崴了脚。医生告诉我，她崴得不严重，没伤到筋骨，不需要用药，两三天就能恢复。然而，一个星期过去了，她仍然一瘸一拐地走在校园里。

"你们班的淼淼走路的样子一看就知道是装的，你怎么不揭穿她呢？"同事问。

揭穿？孩子可能因此受到伤害。我想，还是先了解一下她为何要这样做再说吧。

那天拔河比赛后是一节体育课，当得知淼淼崴了脚，我即刻背起个头快要比我高的她，穿过操场来到洗手间，先用凉水帮她浸泡，再请政教主任和我一道送她去医院。路上，淼淼一直哼哼着说疼，我握着她的手，不断安慰她："没事的，有老师在，你放心吧。"

从医院回来后，我即安排一位女生负责帮淼淼领饭回教室，每天中午，我领了饭后也到教室陪她一块儿吃，我还安排了两位女生负责搀扶淼淼走路。总之，受伤后的淼淼成了我们班的"重点保护对象"。但在这样的保护中，淼淼的"伤"居然一周了还没恢复！

关爱如同阳光，能养育万物，然而，光线太强也会刺眼。"关爱的适宜温度，是接近体温的36℃。关爱的温度过高，也会让孩子受到伤害。"我想起参加班主任培训时，授课老师说过的这些话。当时，我不太理解什么叫爱的温度；而现在，我似乎明白了。

教育家德雷克斯说："不要替孩子做任何他自己能做的事情。"原因在于，如果我们替孩子做得太多，他们会认为自己需要别人的照顾，或者他们理应享受特别的服侍。原来，我之前对淼淼的诸多照顾并不是最恰当的方法，也不是最适合的表达爱的方式。

"淼淼，看到你一瘸一拐地走路，老师很心疼。你的脚现在还疼吗？"

"谢谢老师对我的照顾，还有一点儿疼。"

我微笑着说："老师给你讲个故事吧。我之前任教的学校建在一个半山坡上。一天下午放学后，我到校门口乘车，为了跟外头的同事说几句话，我一条腿还踏在车门外。司机没留意，见我上车了就松了手刹，车立刻向坡下滑动，后车轱辘轧住了我的脚。因为是半山坡，为避免更大的伤害，司机既不能让车向下滑，也不敢加油门向后倒。多亏了一位力气大的体育老师，把我的脚硬生生从车轱辘下拽了出来。当时，我的脚肿得跟馒头似的。不过，三天后就恢复健康了，你知道为什么吗？"

淼淼摇摇头。

"我们的身体有自动修复的功能，脚踝也有。"

看到淼淼若有所思，我接着说："我理解你渴望关爱和陪伴的心理。不管如何，老师会继续关心你，也会让你妈妈多抽时间陪伴你。"

淼淼会意地点了点头。第二天，她就开始正常走路了。

淼淼的转变，让我自然地想起了正面管教的教育理念。

正面管教是一种既不严厉也不娇纵的方法。它强调和善与坚定并行。和善的重要性在于表达我们对孩子的尊重，用语言表达对孩子感受的理解是尊重孩子的一种表现。当一个孩子行为不当时，不要惩罚，也不要说教。要把不当行为看成一个密码，并问自己："孩子真正想告诉我的是什么呢？"如果明白了在此不当行为的背后是一个孩子仅仅想让心灵有所归属并且不知道该怎样表达，你对其不当行为就会有不同的感觉。

事后，我一直在思考：为什么我认为正常的关爱与照顾对淼淼来说会不妥呢？淼淼的爸爸妈妈很疼爱这个宝贝女儿，她应该不缺爱吧？百思不得其解之际，发生的两件事让我恍然大悟。

第一件事情源自一节心理课。

那天课上，我向淼淼借跳棋，并保证上完课就归还。"老师，你不用还。反正爸爸妈妈也不陪我玩。"这两句话在借和还的时候她都说了一遍。"不陪我玩"四个字刺痛了我的心，让我一下子想起了《你就是孩子最好的玩具》这本书。我想，也许是幼时淼淼缺少父母的陪伴，归属与爱的需要没有得到满足吧。

当前，一些家庭把孩子当成掌上明珠，娇养过度，孩子在这样的环境下成长，照理讲什么都不缺，但实际上，他们常常有爱的缺失感。原因何在？我想如果家长教养方法不对，同样无法让孩子感受到爱。因此，判断孩子是否缺少爱不能光靠眼睛，更不能仅凭直觉，而应该深入孩子家庭，了解孩子的成长环境；观照孩子的心灵，了解孩子的内心需要。

第二件事发生在防疫期居家学习期间。

开始上网课时，淼淼表现非常好。可到了5月，在好几次视频会议中，我都看到她没精打采的样子；点名回答问题时，她甚至连问题都没听清楚。

通过电话家访我才得知：淼淼白天是一个人在家上网课的。最近她多次要求妈妈周末带她出去踏青，可是妈妈周末要上班，没时间。于是，我跟淼淼妈妈聊起了养多肉植物的话题："多肉植物要想长得好，首先，需要的是通风。不通风，多肉植物就会得病，蚧壳虫也会经常光顾。其次，需要阳光，春天的阳光最利于多肉植物生长，让多肉植物晒晒阳光，不但会长得胖乎乎的，而且颜色也会更漂亮。淼淼现在就像这多肉植物，渴望通风，渴望晒晒阳光，更渴望陪伴的爱。"

这一番沟通后，淼淼妈妈周末特地请了一天假，陪孩子去公园玩了个痛快。直到复学，淼淼再也没有出现上课心不在焉的情况。后来，淼淼妈妈特意打电话来感谢我。我说："我知道你工作很忙，但假如能每周抽出点儿时间陪淼淼下下跳棋、聊聊天儿，淼淼会成长得更好。因为你就是孩子最好的伙伴。孩子需要爱，陪伴就是表达爱的最好方式。"淼淼妈妈欣然答应。

考虑到归属感和自我价值感是所有人的重要追求，孩子尤其如此，复学后，我就在教室里摆放了好多盆多肉植物，然后问淼淼："老师忙于备课、批改作业，怎样才能更好地照顾这些多肉植物呢？"她说她愿意替我照顾它们。从这之后，课间操时，淼淼都会把多肉植物搬到室外晒太阳，下雨天则会接来雨水浇多肉植物……我很庆幸让淼淼学会了怎样以一种建设性的行为获得关注，获得归属感。

这告诉我们，要保持关爱的适宜温度，并不是要减少对孩子的关爱，而是借助生活和实践，通过一种隐蔽的方式满足孩子内心的需要，潜移默化地帮助孩子实现自我成长。隐蔽的关爱，可能更加温暖。

复学后的淼淼，阳光向上，回答问题积极，学习动力十足。我知道，这棵"多肉植物"正在通风、阳光充足的环境下生长，她满足了归属与爱的需要，也满足了自我实现的需要，一定会长出更美的姿态。

（原文发表于《中小学德育》2020 年第 10 期）

去篮球场看看吧

张玉芹

开学第一个月，小苗就令我"刮目相看"：任课老师说他学习态度很差，基本不学习；用餐时，一言不合，他便将饭菜泼到对面同学身上；英语课上，他坐在老师面前画画，丝毫不在意老师冷峻的眼神。班里有什么坏事发生，大家第一个想到的就是他……总之，他就是一个烫手的山芋。

为了教育小苗，我惩罚过他，请过他家长，甚至把他单独带在身边；也与他做过约定，表现好时盖印章、发奖品。可对小苗来说，遵守规则简直难于上青天，我真的感觉到了什么是黔驴技穷。

年后，小苗继续"作恶"，一周让班级扣掉 3 分，星级班级泡汤了。一系列行径令我忍无可忍，我决定加大力度惩治他。他最热衷的是打篮球，为了惩治他，我对小苗说："你以后就别想去校篮球队了，安心在教室里待着吧！"我向体育老师提出暂停小苗参加校篮球队的活动，体育老师却斩钉截铁地拒绝了我的要求，说校篮球队比赛离不开他。这令我十分尴尬，也十分纳闷儿：一个个头不高、各方面习惯都很差的孩子，打篮球又能好到哪里去？

这个疑问一直在我心中，直到那天我带领班上的孩子们到操场进行篮球训练……偌大的操场上，两支球队正在热火朝天打比赛。赛场上的小苗，跑起来虎虎生风，眼神专注地紧盯着篮球，密切地与队友配合着，个子不高却十分灵巧，活脱脱一个魅力小球星，老师和同学们的目光都追随着场上飞驰的他，深深为他着迷。我心中惊讶：这与教室里的小苗简直判若两人，球场上的他自信、坚毅、勇往直前；可教室里的他却焦躁、萎靡、心不在焉。我不由得又细细想来，小苗也不是一无是处：高兴时，他会抢着拖地、倒垃圾；班里需要小毛巾、洗衣粉，他会主动从家里带来；吃饭时，他会把自己的酸奶、水果送到老师面前……他的优点也蛮多，也许是老师们放大了他的缺点，让他在教室里没有了自信和尊严，使他不能跑起来虎虎生风……

孩子们在学校里度过他们的青春时光，老师的目标就是让他们怀着喜悦，充实地度过这一段美好时光。换一个地方，换一个视角，你一定会有不一样的发现：在那里，你可以看到孩子最阳光自信的一面；在那里，他们充满了喜悦，享受充实的人生。

明天见到小苗时，我会大声告诉他："老师是你的粉丝，你真的很棒！"

（原文发表于《班主任》2020 年第 6 期）

小孩儿来告状

刘　珂

作为小学三年级的班主任，我经常面对学生的告状。记得刚参加工作时，听到学生的告状声，我觉得新鲜，好奇地倾听，耐心地解答。后来，我听到学生的告状声，心里就莫名烦躁，常常采取快刀斩乱麻的方式来处理。现在，听到告状声，我愿意琢磨琢磨。不到10岁的小孩子，想法单纯却又各有各的小心思，这就需要老师有一颗敏感的心，愿意俯下身去体会，要"跟孩子一般见识"，用爱心、慧心去回应。

小孩儿来告状，告谁？大多是告同学的状。同学间能有多大点事？很多时候，学生只不过是想找老师一吐为快。看，男孩凡气鼓鼓地来到我面前，说："老师，我同桌拿我的笔。"说完，他扭头就走。待他回到座位，同桌一句"我跟你闹着玩儿的"，两人就和好如初了。在工作繁杂之余，瞧到这一幕，我不禁会心头一乐。

回想有好长一段时间，面对学生告状，我心烦不已，冷脸斥责。结果，教与学、师与生总是像两条永不相交的平行线，师生关系降至冰点。学生看到我，噤若寒蝉，我认为理所当然，可是，看到邻班师生融洽相处，我又埋怨自己没有分到好学生。

大家都知道，不要戴着有色眼镜看学生。道理都懂，可做起来却不容易。我向来不喜欢处处显摆自己且斤斤计较的学生，可恰恰班上就有一个这样的女孩彤，事事不吃亏，芝麻大点儿的事就告状。同桌不小心碰到她了，在她口中就是故意的；她的作业本被划了一下，是后桌同学故意捣乱；座位窄，是前桌同学欺负她……告状的理由层出不穷。

我也知道这样的女孩需要老师的引导，可心底的不喜欢就像心魔一样顽固。直到有一天，生活中发生的一件小事触动了我。

我公公要去探望他生病住院的弟弟，我婆婆不同意，理由是婆婆住院的时候，公公的弟弟没有来看过婆婆。此时，我老公说了一句话："看看村里有些人家，他们与亲戚像陌生人，这好吗？"老公的一句话，在我的心湖轻荡涟漪：这句话没有直接给出答案，却给出了尊重；没有戴有色眼镜下结论，却留下了思考。

生活处处是老师，只要你留心。作为老师，担负着育人的使命，我们更要有一颗包容的心，尊重每一个生命。每个人生活的环境不一样，我们不能奢求每一个孩子的处事方式都与我们一样。但是，我们的善良可以反射到孩子的眼睛里，我们的慧心可以折射到孩子的行动上。

《窗边的小豆豆》中的小林校长给我的印象尤深，长达四个小时的倾听，让我叹服。很多时候，学生来告状，表达不清楚，不到一分钟，我就烦意丛生。小林校长的耐心倾听，让学生感受到了他博大的胸怀，在他鼓励的目光下，学生感受到的是被关注和被认可，心灵自由奔放。

想法支配行为。女孩彤再来告状，我的耐心倾听是真诚的，没有丝毫勉强，没有一句"就你事多"让她成为"气球"，而是看向她的眼睛，心里有喜欢，眼里有尊重："彤，你的学习能力是出色的，我知道你最佩服咱们的班长涵，你觉得她遇到这种情况会怎么办？"不抱偏见，在学生的成长过程中，教师要努力做学生的守护者。

现在，依然会有表达不清的学生来告状，我边倾听边在心里说：这才几分钟，离四个小时远着呢。我相信学生会说清楚的。有意思的是，往往在学生表达清楚的时候，我心里的怨气也没有了。

为了满足小孩子告状的需求，我曾给过建议：可以在作业下方简单写出来，老师批改作业时给予答复；如果觉得自己有能力解决问题就可以不告诉老师，将自己的经历告诉老师可以得到奖励；也可以在"作业超市"中选写小练笔，也就是将这件事情叙述下来。而班上的两个男孩，也让我对处理学生告状的事件有了新的办法。

男孩远调皮、热情，一天，得知有个同学心情不好，远用几句话就将同学哄好了。另一个男孩凡，在调换座位时，他的同桌悄悄走上讲台，跟我说："别把我俩分开，当我不开心的时候，凡总能把我逗笑。"这两个男孩都有一个共同的特点：精力旺盛，头脑聪明。电视《生活帮》栏目有调解员，何不在班上也成立一个"巧嘴帮团"，让孩子自己调解矛盾？我跟他俩一商量，他俩觉得这件事很新奇但又不知所措。我查找资料并耐心辅导他们，就这样，"巧嘴帮团"正式成立了。他们在处理告状的过程中，传播了正能量，还不断地吸收新成员。

　　"巧嘴帮团"让我理解了这句话的意义：人类的一切热情，都是因为他想使生命有意义。必须让他找到一条新的道路，让他能激发促进生命的热情，让他比以前更能感觉到生命活力与人格完整，让他觉得活得更有意义。当小孩儿来告状时，我会说："你心里想的是啥？你说我听！"

　　　　　　　　　　（原文发表于《教师博览》2020 年第 1 期）

点"火"、灭"火"，只在一念之间

张晓静

期末考试临近，孩子们正安静地做着语文题，我也正低头批改数学试卷。"老师，小雅在玩手链。"一道不太和谐的声音打破了教室里原本的安静。小雅——一个倔脾气的女孩，平时就不太遵守课堂纪律，又不服管，和这样倔脾气的学生硬碰硬，只会让事情更糟。但今天，她几次三番的"挑衅"，让我将这简单的道理抛之脑后。

我抬头看了小雅一眼，小雅也正紧握手链看着我。"把手链先拿给我保管，下课咱俩再谈谈吧！"我平静地说着。可她一动不动，仿佛没听见。我略抬高了音量，又说了一遍，她依然不动……如此几个来回，其他同学都好奇地抬头看着我和小雅，而小雅依然紧紧地握着手链，定在座位上。我不悦地皱了皱眉头，感觉我在学生面前丢了面子，心中的怒火升腾并最终爆发："我再说最后一遍，赶紧把手链送上来，否则，后果很严重。"不知是我的怒吼起了作用，还是我的坚持让她妥协了，终于，小雅慢悠悠地走上讲台，交出了手链。我一把夺过手链，丢给她一句话"手链没收了，想要的话，让你爸来拿吧"后便决定晾一晾她，掰一掰她这个倔劲。她在我跟前站了有半分钟，见我不再说话，便极不情愿地回到了座位上，事情也暂告一段落。可被"小小胜利"冲昏头脑的我，那时并没有意识到，因为处理方式的简单粗暴和对她的置之不理，愤怒的火苗已在她小小的心灵上慢慢燃烧。

下课铃一响，小雅迫不及待地跑到我跟前，一脸恳求地对我说："老师，你能把手链还给我吗？你再给我一次机会，我以后再也不上课拿手链出来玩了。"她不断地重复着这两句话，但此时怒气未消的我，却忽视了她恳求的语气，开始了一顿劈头盖脸的说教："现在知道要自己的手链了，玩的时候就没想过会被老师收走吗？我不是说过上课不允许摆弄东西吗？这样会严重影响你的学习……"之后我依然没将手链还给她，对小雅来说，这无疑是火上浇油。

也许是我的说教令她烦躁，也许是我坚持不还手链惹恼了她，泪水在眼眶中打转的她，忽然提高音量向我喊了一句："老师，你把手链还给我吧！"听着她的喊叫，我所谓的"教师的尊严感"又一次作祟，思想再失控，完全忽视了一个问题：教育要讲究心平气和，教育需要和颜悦色，教育更要寻求平等对话、心灵交流。我随即甩出一句："回去好好反思一下，想想自己的错误，手链拿不拿得回去，看你的表现。"就这样，小雅心中的那把火被我彻底点燃了，她再次朝我哭喊着："老师，我再也不玩手链了，你给我吧，那是妈妈送给我的。"

听到这句话，我的心似乎被人揪了一下。小雅是一名外地学生，跟随爸爸和奶奶在这里生活。一次家访我了解到，小雅的妈妈在北京工作，虽然她们经常视频，却无法安慰孩子想念妈妈的那颗心，小雅因此十分缺乏安全感，但也总是倔强地不表现出来。这条手链是远在北京的妈妈送给她的，小雅将它当作宝贝（虽然不值钱），天天带在身边。也许她今天上课忍不住又想妈妈了，于是悄悄地把它拿了出来，以缓解对妈妈的思念之情。而我从不问青红皂白地没收到自以为是地置之不理，再至劈头盖脸地说教，将小雅心中愤怒的小火苗燃成了熊熊怒火。

想到这里，我快速拿起那条手链，轻轻地放在她的掌心，真诚地向她道歉。看着她倔强中带着几分诧异的小脸，我趁热打铁，和她进行了一次长谈，并以同理心与她交流了如何正确表达对妈妈的思念。谈完，我将她拥入怀中，她安静地待了一会儿后，抬起头，郑重地说了一句："老师，这次是真的，我再也不在课上摆弄东西了。"我摸摸她的头，会心地笑了。

我总在与别人交流时，大谈如何走进学生的心灵；总在教学中，自以为是地认为自己很了解学生。其实不然，所谓的了解只是嘴上喊喊，却鲜少探查学生的真实想法；所谓的走进心灵只是理论上说说，却从未真正走进学生的内心。当孩子第一次不情愿地走到我跟前时，如果我能耐心地问问她原因，而不是所谓的"冷处理"，也许愤怒的小火苗会被转移；当孩子第二次迫不及待地走到我跟前时，如果我能心平气和地与她交流一番，而非"严厉说教"，也许会让点燃的小火苗渐渐熄灭；当孩子第三次向我大声提出要求时，如果我能理智地思考她坚持要回手链的原因，也许不会让她因无奈和着急而促使小火苗熊熊燃起。

也许，没有更多的也许，有的只是发生，点"火"、灭"火"，只在一念之间！

（原文发表于《威海教育》2020 年第 3 期）

老师，请用眼睛提醒我

刘　珂

　　午间小憩后，我环顾教室：均匀的气息，安静的睡姿，两三绺卧在额头慵懒的头发……学生熟睡的样子好可爱。

　　哪里有轻微响动？是铭，显然是睡醒后有点儿无聊。这小家伙，好像只有在睡着的时候才能安稳些。上课时，他写不了几个字就开始走神：时而眼睛发呆；时而喉咙里发出模糊不清的音节，同时将脚麻利抬起，坐到屁股下；时而对着旁边的男孩露出洁白的牙齿，将身体扭成麻花。而下课时，他又会第一个跑出教室，不到上课绝不回来。

　　离午睡结束还有一段时间，铭继续做着"地下"动作，倒也没有影响其他熟睡的同学。可他究竟在干什么呢？他的脑袋里想着什么呢？我好奇地起身走向铭。

　　我用手轻轻碰铭的额头，小家伙便一动不动，假装熟睡。我又稍稍用力握住他的手，他才睁开眼警惕地看着我。我把食指放在唇边"嘘"了一声，又用手指指门外。他看懂了，任我握着他的手走出教室。

　　来到门外僻静处，我突然意识到他没有抗拒我：此刻，小家伙是接受我的。

"怎么不睡呢？"

"睡不着。"

"为什么睡不着呢？"

"就是有点儿无聊。"说着，铭不好意思起来。

看着铭有些委屈的神色，我的心柔软起来，说："我想请你帮个忙，好吗？"

小家伙怔了一下。

我看着铭单纯的眼睛，握着他温热的双手认真地说："我想帮你，但我不知道怎么帮你，请你帮我想个办法。"

小家伙立刻抽出自己的手，敲打着自己的头，说："哎呀，我这个人，总是发呆。"

其实，铭知道自己上课发呆的习惯不好，也同样为这事苦恼。

我问："那你希望我怎么做？叫你的名字提醒你？"

铭马上回答："不好！叫名字会影响同学，你可以用眼睛提醒我。"

铭看我没明白，就努力将眼睛睁大，说："你就这样看着我，我会注意的。"

我的心瞬间融化：多么善良的孩子！哪个孩子不向善？哪个孩子不向上？

我想起铭的经历：铭在三岁前很乖，经常得到幼儿园老师的表扬。铭三岁后，妈妈开始工作，就把铭送到奶奶家上学，隔一天去看他一次。可在铭的眼里，妈妈这是不要他了。他性情大变，在幼儿园里故意捣乱，惹得老师和家长都很头疼，尽管后来被接回来和妈妈一起生活，他的坏习惯却并未改掉。

三岁的孩子不理解"上班"的意思，本能地认为妈妈将他送走就是不要他了，这给他造成了多大的心理伤害啊！

我似乎能想象铭拽着妈妈的衣角哭喊着不让她走的场景。如果妈妈再苦再累都将孩子带在身边，如果妈妈迟一些时日找工作，如果妈妈耐心地从铭的视角来理解哭闹与不安，及时疏导……也许铭就一直是那个经常被表扬的孩子，不会像现在这样：每天晚上写作业时，都要和妈妈进行一场拉锯战。可这也许是因为铭写作业的时候冒出"妈妈会不会把我送走"的念头，便不由自主地放下笔……

次数多了，时间长了，铭就成了大家眼中的"待优生"。如果老师只关注分数，铭就会停滞不前；如果老师能够关注心灵，打开其心结，温润其内心，我相信铭能进步。

正想着，午睡结束的铃声响起，教室变得嘈杂，铭"嘘"了一声，提醒周围同学安静。我们目光对接，我送给铭一个赞许的眼神。

"用眼睛提醒我"，多么有诗意的语言，多么有哲学的意味，多么美妙的方法！为了这份美好，即使这种方法没有用，我也不会简单判断，粗暴处之，心灵的成长怎么可能一蹴而就？

我的目光落到窗台的小盆景上，意外地发现新芽正焕发着勃勃生机，而这新芽，不正是灵动的铭吗？

（原文发表于《当代教育家》2018 年第 10 期）

老师，珑喜欢吃肉

刘艳霞

新学期，我迎来了又一批一年级新生。众所周知，教一年级最累，刚升小学，孩子又小，什么规矩也不懂，老师得跟在孩子身后不断叮嘱；孩子什么知识也不会，得老师手把手地教……

手握学生的名单，"珑"这个名字最先映入我的眼帘，不是因为名字特别，而是因为名字所在的位置特别，通常，我们都是按照孩子的学习成绩和其他综合表现从前到后排列。而珑不仅是排在我班最后，而且是全部孩子的最后。我悄悄地找到珑幼儿园的老师，问这个孩子的情况。幼儿园老师摇了摇头叹了口气说："这孩子不仅上课纪律最差，就连儿歌这样简单的内容也学不会！"

带着无尽的担忧和无奈，我的新一年级生活开始了。

"老师，珑喜欢吃肉！"下课后，一个孩子跑到我身边告诉我。"哦，知道了。"我回应着。一年级的孩子就是天真，什么话都和老师说，连一个孩子的吃饭习惯也要告诉我，我笑了笑，没有多想。午饭的时间到了，孩子们排好队挨个儿领饭。咦，怎么剩了一份饭? 哪个孩子没有领? 我逐一查看。是珑，他的面前什么也没有，我说："珑，快去拿饭。"珑坐着不理我。"老师，他喜欢吃肉！"前面一个女孩大声告诉我。我一问才知道，珑上幼儿园时就这样。

听着孩子们七嘴八舌，再看看座位上怎么也不肯吃饭的珑，我想起在很多现代家庭里，有些孩子不能安静地坐在餐桌前吃饭，大人不管孩子是否真饿或者已经吃饱，仍拿着饭碗追着孩子喂饭。珑之前的吃饭习惯是怎样的？仅仅是喜欢吃肉？一连串的问题让我立刻拨通了珑爸的电话。当知道珑中午没有吃饭时，珑爸叹了口气说"都是惯的"。原来，珑幼儿园的老师和珑的奶奶是好朋友，知道珑喜欢吃肉，每次吃饭都专门挑肉给珑吃。在家里，珑妈也是专门做孩子喜欢吃的饭，她还说等上一年级后会每天送午饭。看来，珑中午不吃饭，是在等我挑肉给他吃，或者在等妈妈送饭来。溺爱已经由珑的家庭生活蔓延到他的学校生活，长此以往，如何让珑健康成长呢？

知道事情原委后，我表示一定不会再将这种溺爱"接力"下去。我和珑爸说明一年级的午餐和幼儿园不同，每个孩子的午餐都单独成盒，并表明我的立场：即使是现场分饭，我也不可能专门挑肉给珑吃。他和其他孩子一样，我不会特殊照顾他的饮食习惯。我还建议：如果想改掉孩子的这个习惯，就让珑妈中午不要送饭。珑爸接受了我的建议，并一再强调珑让他们全家都很头疼，上一年级了就指望老师帮孩子改掉毛病。我和珑爸达成了一些共识，首先，从让珑好好吃午饭开始。

就这样，珑上学的第一天中午就挨饿了，直到放学都没有吃任何东西！第二天午饭时间，孩子们还和之前一样排队领饭，我想如果当天珑还不主动领饭，我就一句话也不多说。可没想到珑竟然跟在队伍后面，不声不响地把饭领回去。我走到珑的身边摸了摸他的头，说："珑，今天的饭好吃吗？""嗯。"珑点了点头。进行该日的总结时，我对班上当天各方面表现好的孩子进行了表扬，其中当然有珑。

放学时，珑跑到我身边，抬起我的手，亲吻了我的手心，一股暖流瞬间涌遍我的身体。这是一个带有魔力的吻，是珑在用独特的方式表达他的爱，会让我的双手充满爱的力量，带着我与珑一起走过一年级的风风雨雨，为孩子的成长撑起一片阳光明媚的天空。

（原文发表于《当代教育家》2019 年第 4 期）

逆耳也可顺听

刘　珂

前些日子，学校组织看电影。电影结束往回带队时，告状的声音响起："凡把我的鼻子打出血了！"说话的是女孩彤，脸上写着委屈和生气，还有着不服气。我了解了事情的经过，知道凡管不住自己，老毛病又犯了。我批评着凡的行为，拉着凡的手，一起陪彤到洗手间清洗……

晚上，我收到微信消息："老师，彤被打了，请别让她和凡坐同桌了！凡经常欺负我们家孩子。"

我看完微信，眉头不自觉地轻皱：自家孩子在班上经常无故告状，家长知道吗？这样的说辞不是触碰老师的"逆鳞"吗？

凡和彤坐同桌，是我有意为之。凡管不住自己，经常招惹同学，在他看来是与同学开玩笑，在同学看来是被欺负。彤在课堂上容易分神，有一点儿轻微的响动都会让正在学习的她抬头。凡接受新知识快，可以帮助彤提高学习成绩。于是，我把凡和彤的座位调到最前排并坐同桌，便于我随时关注。看来我的算盘此时并不如意。

"彤被打了。"我双眼盯着手机屏幕上的这几个字，想到了自己的儿子被打的事。那时，儿子在我们学校上幼儿园，我放学后去接儿子，教室里只看到一个小朋友，那就是我的儿子，他被老师抱在怀里，脸上的抓痕清晰可见。同是老师，我理解老师的歉意。作为妈妈，我也心疼自己的孩子，恨那个"野蛮的孩子"……

想到往事，我有所释然：孩子都是妈妈心头的宝，我的"逆鳞"随之顺了一些。站在妈妈的角度，护犊子是正常的母子情。况且，仔细想想，凡与彤坐同桌后，他们的表现真的是有点儿背离我的初衷：原本是让凡帮助彤解答学习上的疑问，可凡的玩心较重，讲了一遍，彤没听明白，凡就不耐烦了。凡好动，桌子不小心碰歪了，就会惹来彤的指责，每天都要发生点儿摩擦。

既然我不能让两人和睦相处，再让他们同桌还有必要吗？彤的妈妈的建议似乎有一定的道理。我想，彤的妈妈每天听彤诉说被同桌欺负的种种情形，女儿的一面之词无时无刻不在考验着妈妈的内心，也许微信上的话是忍了许久后的爆发，这也需要一定的勇气！带着对这件事的思考，我进入了睡眠。

第二天，一个稳重的小男生成了彤的新同桌。我给全班同学讲解了一个道理：一个人的天性过度释放，便显得粗野，不利于修养的提升；天性没有得到很好的释放会怯懦拘谨，希望每个同学都能在释放天性的同时注重修养。凡是个聪明的男孩，与我的眼光对接了一下，迅速低下了头。我也及时与凡的妈妈联系了，凡的妈妈通情达理，积极配合。放学后，我与凡同走一段路，我拉着他的手同行。凡是坐公交车回家的，到了公交站点，陪他等车的几分钟内，我拿出随身带的古诗卡片，与他一起背诵一首古诗，凡背得比我快，透着古怪精灵。走上公交车，凡还不忘回头跟我说了声："老师，再见！"

彤的座位周围都是懂事明理的同学，彤告状的次数明显减少了。她偶尔告状，我会含笑看着她，说："哦，我发现你好像越来越大气了，能告诉我为什么吗？"听了我的话，彤会心一笑，好灿烂。回想彤与凡坐同桌时，我关注的是，他俩都需要改变，每当彤来告状的时候，我的内心都会有一个声音："就你事多，多把心思放到学习上吧。"是彤的妈妈发的微信消息提醒了我，教育是影响，是给学生关爱。

凡被同学告状的次数也明显减少了，细想，好像再也没有听到彤对凡不满的告状声了。"玉不琢，不成器。"教育是慢功夫，我愿意陪伴学生慢慢成长。

此刻，我又想到了彤的妈妈的微信信息，由衷地生出谢意：逆耳，可以顺听。

（原文发表于《山东教育》2019 年第 34 期）

缩小与放大，方寸之间显智慧

曹新燕

提起五（1）班的"捣蛋苍耳男"小宾，相信每个同学的周身又会痒起来。

新学年开学不久，一天，班长气冲冲地把一大把苍耳捧给我，说小宾这个"捣蛋鬼"成为班级的公敌了，同学们对他忍无可忍了。

原来，小宾采摘了一盒子苍耳并带到了学校。课间，他把苍耳放到了女同学的头发上，塞进男同学的衣服里，扔到伙伴的衣服上。苍耳揪下了女同学一缕又一缕头发，刺得男同学的后背一片红肿，扰得同学下课后全部都在摘衣服上仿佛去不尽的苍耳。

走进教室，我不由得惊呆了。教室里居然到处可见苍耳的影子。在电视柜下、墙角里、卫生工具摆放处，到处都有苍耳。我怒火中烧，责令小宾回收每一个苍耳，并且第二天把他母亲请到学校。

在和小宾母亲的沟通中，我了解到：小宾在四年级时学习成绩一直不错，只是升级考试发挥不好，从此孩子好像对自己失去了信心，开始自暴自弃。开学以来，他每天放学回家都懒懒的，不再积极完成作业，也不再读课外书了。

唉，谁的人生不遭遇挫折啊，这么小小的一道坎，小宾要是过不去，那以后又该怎么办呢？想到这里，我改变了对小宾严厉惩罚的态度，转而在学习、生活上留心他，关心他。

经过和"捣蛋苍耳男"的近距离相处，我惊奇地发现：他那颗小脑袋里装满了奇思妙想。他经常给同学起外号，惹得同学很不高兴；他经常"语出惊人"，逗得同学笑破肚皮……

班上的小楠在习作课上居然把"饭"字写成了"钅"旁。我打趣地说："同学们，告诉大家一个重大消息，千万不要到小楠家吃饭，他家的饭吃不得，吃了会'食物中毒'，得打120。因为他家的饭是'铁制食品'。"同学们笑得前仰后合。小宾高喊："同学们，不用打120了，因为在进医院前，他必须先进牙科诊所，因为牙齿都硌掉了。"

他，就是这样"捣蛋"！不妨好好利用他的创造力，为他的成长，也为班级增添一份别样的色彩。我这样想着，不由得笑了。

我特许小宾给同学们起外号，但是前提是这个外号不带讽刺，不含挖苦，得是积极向上的，得让人听了心里会乐才行。

有了这个特权，可不得了。小宾让班级多了好几个小团队。有因为习作出现相似问题而形成的"四大发明家"，有依据性格特点而组合的"超瓜战队"，有"个字组合"，还有"小沈阳二代"。

同学们也不示弱，也给小宾起了个外号——"刘老根"。

"捣蛋大王"变身班级的"开心果"。课间，不见了苍耳，只见"刘老根"和"小沈阳二代"上演精彩"独播剧"，惹得同学们捧腹大笑。

意外的是，富有特色的绰号把同学们都凝聚到了一起。小宾给班级起了一个好听的名字——"七彩五一"。同学们在这个七彩的班级中，更团结，更快乐，更幸福！

后来，我入院做了手术。为了迎接儿童节，班长小美居然和小宾合作，自编自导自演了小品《七彩五一乐不停》，把班级发生的快乐故事搬上了舞台，得到了校领导的大力赞赏。我休假期间，班级内不见苍耳飞，只有快乐在心里"飞"！

另外，在作文课上，我经常把小宾的习作中那些"惊煞人""笑死人"的语言读给同学们听，课堂上欢乐不断。学生也更加喜爱上习作课，小宾的习作水平也突飞猛进。在学校组织的快乐作文赛上，小宾获得了一等奖。临近毕业时，他成了班上的佼佼者。

"缩小"缺点，让我用宽容的胸怀包容了小宾顽皮的缺点；放大优点，让我用赏识的心灵挖掘了小宾鲜活的特色。从小宾的身上，我们不难发现，越是调皮的学生，越是一座可以挖掘的宝藏，关键在于你是否愿意用心挖掘他，是否愿意给予这座宝藏大放光彩的机会！

（原文发表于《教学与管理》2014 年第 1 期）

第 五 章
另一种绽放

　　满怀期待地撒下一粒花种，结果它却长成了一簇葱绿的草；热切地守候一株小苗长成参天大树，结果它却矮小；你心目中的绽放是夺目而浓烈的，可是她却躲在角落里毫不起眼甚至娇柔怯弱……其实，教育绝不是标准零件的生产与加工过程，如果我们愿意去欣赏、去等待、去顺应，任何一粒种子都会有别样的绽放。

让一颗美丽的种子"发芽"

杨　晖

一颗种子的力量到底有多大？

小小的一颗种子，埋进土里，当有了阳光、空气和水，以及适宜的温度，就算遇见石头，它也要穿石而过，破土而出。

然而在现实生活中，不只有种子会"发芽"，还有很多事情都会"发芽"，比如语言、习惯、行为等。

想和大家分享关于"发芽"的故事。

去年，我做班主任。作为一名小学一年级的班主任，除知识的传授，还有很多需要用心的地方，班级日常工作的管理是一刻也不能松懈的。对于这群"小新手"来说，卫生、纪律等，都要老师一一交代清楚。开始的时候，我觉得很辛苦，事无巨细地强调，甚至很多事情都要亲力亲为。

在我反复强调日常学习、生活的习惯的唠叨声中，一个星期过去了，两个星期过去了，一个月过去了，半学期过去了。

第一个学期的期中考试后，一个阴冷的清晨，我像往常一样，早早来到教室。一进教室，我忙把羽绒服脱掉，把包放好。当向讲台下望去的时候，我心里不由得被触动了，教室里虽然来的孩子还不多，但都在看书，安静极了！即使仍有陆续到校的孩子，这份看书的安静也没有被破坏。

虽然已经是冬天了，我却有种置身于田地中"有风自南，翼彼新苗"的错觉。

我知道，孩子们好习惯的种子，发芽了！

要说最触动我的，还是另外一件事情。

平时，我对孩子们的礼貌用语很是注重，尤其是"谢谢"这两个字的使用率。

孩子们之间互相帮助，要说"谢谢"；课间孩子问老师问题，老师回答后，孩子要说"谢谢"；同样，如果有孩子帮助我做了什么，我也会说"谢谢"。

新学期开学了，本来我觉得经过一个寒假的休息，孩子们有很多习惯会忘记，然而，小家伙们记性好着呢，我还真是多虑了，比上学期开学时要好得多，大家很快都进入了状态，我对此还真是有点儿小意外。

有一天中午，我急于整理一些东西，就在教室里停留了一会儿，正赶上几个吃外卖的孩子排着队回教室吃午饭。孩子们见我还在教室，不禁有点儿惊讶，于是就问起我来。我耐心地回答了孩子们的疑问，把话题转移到他们的午饭上来，嘱咐他们不要浪费并且要注意卫生等。突然，一个孩子对我说："老师，今天我们去取午饭，外卖阿姨都夸奖我们了，说我们有礼貌，只有我们班小朋友都跟阿姨说'谢谢'了。"看着孩子们谈到此事的笑脸，我有说不出的喜悦。

虽然这是一件很小很小的事情，但是，我觉得我在孩子们的心里种下了一颗很美丽的种子，并且"发芽"了！

　　望窗外，正是春风融融的时候，蔚蓝的天空下，草坪上可见星星点点的浅绿，让一颗美丽的种子"发芽"，真的是一件很幸福的事情！

（原文发表于《教师报》2018 年 5 月 27 日）

酢浆花开

刘春平

　　不知不觉间，校园里的玉兰树已悄悄褪去了花的娇媚，开始用醉人的绿意编织着叶的童话，也见证着校园里无时无刻不在发生的成长。

　　第二节课即将结束的时候，明辉从外面进了教室，脸上依旧是他特有的甜甜的笑，双手背在身后。他径直走到我的面前，说："老师，送你的。"然后，他变魔术一般从背后拿出一把紫色的小花。一种寻常可见的小野花，叫不上名字，但知道茎叶折断后会有白色的汁液渗出。"哦，好美！我喜欢！谢谢！"听我如此说，明辉有些羞涩，高兴地吐着舌头，然后一蹦一跳地回到自己的座位上。

　　我真的很喜欢，但不仅仅是因为这个孩子送了我一把雨后的小野花，而是这背后的几个小细节。他先用一张纸巾包好底部，防止汁液渗出，上面用另一张纸巾卷起来，只把一簇小花露在外面。简单的包装，却足以看出这个孩子的细心。那时，我大病初愈，刚刚回来工作，所以这个孩子送我的这把小花里显然还有别的更让我感动的成分。

　　明辉的学习成绩很不理想，在座位上很难坐上 10 分钟。明辉妈妈和老师做了各种尝试均无果后，也就不再为难他了。明辉的钢笔字写得很棒，又很喜欢做老师的助手，所以他每天都在校园里快乐地穿梭，忙碌着。

那一把小花，让我知道，明辉看似大大咧咧，内心却有着细腻而丰富的情感世界，那应该就是吴非老师所说的人性中永不凋谢的玫瑰吧！

超然在校园里也很有名。还没有开始上课，就有好几位同事给我"打预防针"。事实上，超然确实超级"超然"。超然带队出操，一个男生没有照顾到整体队形，超然一声狮子吼，那男孩就乖乖归队；自习课上，两个男生交头接耳，超然三下两下，差点儿把其中一个揉碎了塞进桌洞里；超然从来不写作业，除了班主任，任何老师说都无效；超然上课，高兴就学一会儿，不高兴就转笔玩自己的；讲台上因为打扫卫生反扣在讲桌上的凳子，好多孩子走过都熟视无睹，最后冲进教室的超然经过讲台时，会很自然地拿下凳子并放好。总之，超然确实如她的名字一样"超然"，天马行空，自由随性。

可除了"超然"的独特，超然的性格中其实还是有很多柔软的成分的。

那天我去班上上课，教室里的窗户原来都是敞开的，能感受到风吹进来的凉意。我感觉有点儿冷，没太在意地摸了一下胳膊。只是一个小小的细节，坐在窗边的超然却注意到了，她站起身拉上了窗户，眼神里满是藏不住的关切，嘴里却嘟囔出一句："哎，这天怎么穿短袖啊！"因为那天被天气预报"忽悠"了一下，我是穿着短袖 T 恤来上班的。超然用她独有的风格，表达出了她的善良与关怀。

班上有个叫君的男生患有轻微孤独症，隔三岔五"辍学"在家，其结果就是被伙伴们抛弃。可新班主任安排他和超然做同桌后，课间闲暇，常常看见两人快乐地窃窃私语，从两人脸上的表情可知，交流的内容是没有违和感的，彼此舒畅。每当此时，那个彪悍的女汉子就温婉亲切了很多，有时我都怀疑：这时的超然还是那个在操场上飒爽威猛的超然吗？

一个周末，微信里传来了超然的留言："老师，君说他有道题不懂，你能给他讲解一下吗？"

"当然可以啊，你让他加我微信就好了。"我笑了。

"他不知道怎么和你说，你和我说吧，我转告他。"

见识过这些后，我反而开始喜欢超然了。也许超然的性格中刚烈的成分太多，或者她的泼辣令很多人难以接受，也许她的学习成绩不尽如人意。但这有什么关系呢？她那么善解人意，懂得体贴他人，她那么有同情心，懂得关怀弱者、照顾同伴，这些不都是人性中很美丽的小花吗？

看过一幅漫画，画面的右方坐着一位主考官，他正在主持一场考试，考试的对象有喜鹊、猴子、企鹅、大象、鱼、海象、小狗。主考官对大家说："为了保证公平，每个人都必须接受统一考试，请大家都爬上那棵树。"画面的左方有一棵大树。

　　看似公平的考试，其实是一场绝对不公平的考试。能通过这场考试的恐怕只有猴子了，其他的对象都注定是这场考试的被淘汰者。

　　漫画折射出来的现实有些夸张，但在现行的学校文化考试中，明辉和超然，以及更多如他们一样的孩子，也确实都是被淘汰者，但这又有什么关系呢？当了近30年老师，见过太多被文化考试"淘汰"的孩子在生活中"逆袭"成为人生的强者，也见过太多文化考试的学优生最终的人生并不如意！如果把学校中的考试内容换成关于人性、关于良善的内容，也许这些被文化考试"淘汰"的人也会成为优胜者吧！在未来漫长的人生旅途中，这些人性中美丽的底色也会为他们助力，帮助他们收获属于自己的美丽人生！

　　因为明辉的赠予，我仔细翻查过这紫色小野花的资料。它的学名叫酢浆花，俗名大米花。花色很低调，但生命力极强，借着风可以在任何地方生根、发芽、开花。

　　愿明辉和超然的人生也能像酢浆花一样，借某一个合适的人生际遇，幸福地开出一朵或几朵小花，点亮了自己，也惊艳了属于他们的那个春天！

　　昨夜微雨，今早路边的草坪上，会有很多的酢浆花兀自盛开吧！

（原文发表于《山东教育》2019年第19期）

教育，也需要"不成全"

陈春霞

"老师，老师！"上完课，我正准备离开教室，听到一阵急促的叫声，回头一看，平时大大咧咧的豪正急奔而来。

"豪，有什么事吗？"

"老师，我想用小喜报换……换一面小镜子，可以吗？"声音越来越小。

原来是这事。学期初，我和孩子们共同协商，确定了阶梯式的评价方式，平时作业书写、课堂小测满 3 个 A+ 即可得一张小喜报，5 张小喜报可获得免写一天作业的权利，10 张小喜报可兑换一份自己喜欢的小礼品……能够用小喜报进行兑换是孩子们非常喜欢的事情，可听豪的声音……

"当然可以！"我笑着摸了摸豪的头。

"可是，可是……"豪低着头，两只手不停地搓着。

这小家伙今天是怎么了？我拉起他的手，来到走廊的图书角。坐在凳子上，抬起头，小家伙的脸有点儿红。

"豪，有什么问题吗？"

豪躲闪着我的眼睛，说："我……我……我只有 8 张小喜报。"

8张小喜报兑换不了一面小镜子，看样子豪是知道的，但……我追寻着他的目光，等待着他的理由。

"要不，我还是不换了。"豪抽出了他的手，打起了退堂鼓。

"能告诉老师你的想法吗？"我再次拉起了他的手。

"我……我告诉妈妈，这周，我一定能换一面小镜子送给她，可我这周作业总出错，我不想……不想让妈妈失望。"说到最后，孩子的眼睛里泛起了泪花。

豪的爸爸做生意，常年在外，妈妈独自一人在家照顾两个孩子，豪是哥哥，虽然年纪小，但身上却有一种小男子汉的气概。

"不想让妈妈失望"，这稚嫩的话语一下子就融化了我这个做母亲的心。先借两张小喜报？这样豪就不用为难了，在感激我的同时，在以后的学习中也许会更勤奋。可是，可以借吗？善意的谎言确实可以成全一个小男子汉的承诺，但……

看出了我的迟疑，豪拍着胸脯向我保证："老师，我保证下周一定得两张小喜报还给您。"

看着孩子带着希望的眼神，我仿佛看到他拍着胸脯向妈妈做保证时的模样，仿佛看到他拿着小镜子送给妈妈时的喜悦。

"我想，当时你也是这样向妈妈做保证的。"

豪一下子愣住了。

"今天这两张小喜报，老师可以借给你，相信你的妈妈收到你送的小镜子一定会非常高兴。但如果她知道你是借了两张小喜报才实现了自己的承诺，她会是什么心情呢？她喜欢的是儿子借来的承诺，还是挣来的荣誉？要不，你再想想，放学时，告诉我你的选择。"

最终，豪没有兑换那面小镜子。也许有点儿残忍，但看着孩子离开时那坚定的背影，我相信，将来他一定不会轻易许诺；我相信，将来他一定是一个重诺之人！

成全，是一种美。但教育有时也需要不成全，不成全，也许会让孩子走得更远。

（原文发表于《当代教育家》2019 年第 2 期）

另一片风景

车 英

于我，一个从事特殊教育的教师而言，教师节，我从来就当它是和昨天、今天、明天一样普通的一天来过，从不敢奢望有什么不同。而惊喜，就在那个教师节悄然而至……

我所面对的是一群特殊的孩子：一个班里，智力低下、孤独症、多动症、唐氏综合征等不同类型的或不同残疾程度的儿童常常都会有，我的教学日常是，刚刚教给孩子的知识，只是过一会儿他们就忘得一干二净，更别提等到第二天了！那我就一遍两遍，几十上百遍地再教，甚至"教你千遍"也不厌倦！有的学生今天犯的错误，我给他苦口婆心地摆事实讲道理，他说听懂了，明天同样的错误再犯一遍！没关系，那我就再给他说、为他讲，因为我坚信总有一天，孩子们能听懂，会变好。甚至还有一些孩子由于肌肉的收缩力受损，常常会在我们猝不及防的时候拉尿在裤子里，我们二话不说，撸起袖子就领着孩子去擦洗、换裤子，从来没有怨言……凡此种种，需要我们从事特殊教育的教师有千百倍的爱心加耐心去关爱这些可爱的孩子。我已经习惯了没有鲜花和掌声的日子，我也不奢望桃李芬芳，我们干的就是良心活儿，甘愿用自己的青春年华陪伴、见证这些孩子的成长。然而，每当这个特殊的、属于我们教师自己的节日到来的时候，当看着普通学校里的孩子们心中有老师的举动，瞧着普通学校教师同人手捧着鲜花幸福感爆棚般从我们的视野里走过，还是会让从事特殊教育工作的我们的心灵有所触动、有所感怀！

那一天，天气有些闷热，孩子们居然没有开窗户！我径直走到了窗边，拉开了窗户，一股清新的风拂过脸庞，吹散了心中的不快。我猛地一转身，孩子们手中擎起的小小的野菊花簇成了一片花海，齐刷刷地呈现在我眼前！

"老师，给你花！"多动的大江兴奋地说着。

"老师好。"唐氏综合征宝宝小博努力摇着手里的小菊花不停地喊着最会说的这一句。

"好，好……"高大粗壮但智商低下的辉，用一个"好"字和手中的小菊花努力地向我表达着他的心情！

不会说话的奥使劲儿把小菊花塞进我手里后跑到座位上，不停地用手指指花，再指指我，表明那是他送给我的心意！

我不敢相信自己的眼睛，幸福来得太突然了！我稳了稳激动的心情，还是想确认一下孩子们的举动背后的缘由。

"谢谢孩子们，能告诉老师为什么要送花给我吗？"我按捺住心中的兴奋，边收起孩子们的心意，边迫不及待地问道。

"因为昨天老师说要过教师节了，祝老师节日快乐！"几乎每天都要被老师"谈话"的小远迫不及待地说道。

"老师，节日快乐！"孩子们看着我激动的神情，也越发兴奋地、不停地应和着，教室里瞬间被这句看似普通平常的祝福语填满，且分贝在一路飙升！

我没有喊停，贪婪地享受着这种被孩子们的爱包围着的久违了的幸福感，用心体会着孩子们最本真的善良与柔软，用心倾听着孩子们单纯稚嫩的天籁，心底油然升腾起的一股暖流涌遍周身，打湿了眼眶。我们虽然年年都跟孩子们讲教师节是怎么回事，但却从来不敢奢望孩子们在教师节的时候跟老师说一句"老师，节日快乐"的话。今天的一幕幕，还真是让我有一种"千树万树梨花开"的"小确幸"！

想起希尔·西尔弗斯坦在《失去的部件》一书中讲述的一个童话般的故事：一个圆环失去了一个部件，于是它旋转着去寻找这个部件。因缺少这个部件，它只能非常缓慢地滚动，这样它就有机会欣赏沿途的鲜花，并可以与阳光对话，同蝴蝶吟唱，和地上的小虫聊天儿……这些都是它完整无缺、快速滚动时所无法注意、没能享受到的。有一天，这个圆环终于找到了丢失的那个部件，它很高兴，又开始滚动起来。可是，因为完整，滚得太快，它失去了所有的朋友，不再能从容地赏花，也没有机会聊天儿，一切都变得稍纵即逝……这个圆环最后在一片草地上丢下了那个找到的部件，又成为一个有缺陷但快乐的圆环。

有些孩子因为身体的残疾、家庭环境的恶劣、父母的漠视等，会埋怨自己的生活不如意、命运不公平，进而心情抑郁，觉得生活暗淡无光。我们所能做的就是改变他们对残缺的态度。

我幸福地向着阳光举起手里的这一束小小的野菊花，阳光下，它格外鲜艳耀眼，精致而灵动！我确定这是我收到的最漂亮的花，是我收到的最珍贵的礼物，这个教师节也因为这份别样的礼物而弥足珍贵，令人难忘。

这一刻，我懂了，不用抱怨也不必埋怨，孩子们就像一株株小小的菊花，比起名贵的花是不完美的，却努力而顽强地活着，只要阳光充足，雨露滋润，不经意间，它们便会用绽放的姿态给你惊喜！所以，正视不完美，它也许会将我们带入另一片风景！

（原文发表于《中小学德育》2021 年第 4 期）

"丑小鸭"蜕变记

曲艺宁

　　9月12日是学校民乐社团的成立纪念日。每年的这一天，作为"大家长"的我，总会自掏腰包订一个大大的生日蛋糕和学生欢聚庆祝。可今年的这一天，我临时有事，竟把订蛋糕的事忘得干干净净。当我走向活动教室，思忖着如何解释并补救自己的疏忽时，只见一群孩子叽叽喳喳地围在讲桌周围，讲桌上摆着一个大大的双层蛋糕，旁边还放着一张精致的贺卡。我轻轻打开贺卡，几行娟秀的小字映入眼帘："祝民乐社团四周岁生日快乐！这里是我梦想启航的地方！谢谢曲老师！谢谢小伙伴！小萱。"看着眼前的一切，我的眼睛湿润了，初见小萱时的情景浮现在眼前……

　　第一次见到小萱，是在民乐社团的"海选"现场。她身形矮胖，皮肤黝黑，在美女如云的音乐表演专业学生群体中显得格外"与众不同"。她手中拿着一支竹笛，徘徊在人群外缘，一副踌躇不决的样子。见前面的同学陆续走进考场，她有些犹豫，转身正要离开，我叫住了她："这位同学，既然来了，何不试试？"见她迟疑，我连忙跑过去拉住了她。说实话，她当时的表现并不出色，一首曲子吹得断断续续，气息不稳，音色干瘪。她紧张地看向我，一只手不安地捻着衣角，眼里既有担忧也有渴望。一瞬间，我仿佛看到了十几年前羞怯的自己。于是，我决定给小萱一个"喜出望外"的机会。

这之后的社团活动，小萱非常珍惜这难得的机会，总是积极参加，刻苦练习。经过一个学期的努力，她的演奏水平有了很大的提升，笛声悦耳，有模有样。小萱也信心十足地准备参加期末社团的汇报演出。没想到，汇报演出前一天，小萱却打起了退堂鼓。她找到我，怯生生地说："老师，要不我不登台表演了吧？我怕社团会因为我影响整体形象，而且学校恐怕也没有我穿得下的演出服。"听她这样说，我有些惊诧。因为我已经提前租好了她穿的演出服，并没有让她放弃登台表演的打算。于是，我示意小萱等彩排结束后跟我聊聊。

当空荡荡的教室里只有我们俩时，我问小萱："你为啥突然放弃这个登台表演的机会？"小萱嗫嚅着不肯说。我没再继续追问，而是和她聊起了曾经在网络上很火的一条视频：视频中的韦东奕拿着矿泉水与馒头，谈吐不太流畅，可在他闪闪发光的成就与傲人的头衔面前，没有人会因此质疑他的不修边幅与不善言辞。相反，更多的人称赞他的专注、纯粹与知行合一。这说明，当一个人的存在被赋予价值后，影响他的其他因素便不再重要。如果韦东奕把外貌、语言表达作为评定自己的价值标准，那么他不可能成为数学奇才，而会沦为一个生活潦草与木讷自卑的凡夫俗子。接着，我分享了自己小时候曾经被当时的音乐兴趣小组拒之门外后不懈努力成功考入理想大学的经历。听到这里，小萱流泪了，在她时断时续的表达中，我得知了事情的原委。原来，有社团的几个孩子在背后议论小萱的身材，甚至给她起了一个"丑小鸭"的外号。我起身拥抱了这个女孩，对她说："演出服我早就租好了。不过，老师想尊重你的选择，是屈从别人的议论，还是遵从你自己的内心，都取决于你自己。你好好想想再给我答复，好吗？"小萱擦干泪水，抬起头，看向我，坚定地说："老师，我想好了，我绝不放弃登台表演的机会，我一定会证明我自己。"

这次的汇报演出在学校引起了轰动。因为，这是学校多年来唯一的民乐社团。小萱以优秀的表现赢得了同学们由衷的赞美与掌声。看着她脸上开心的笑容，我知道，那一刻，自信的种子已在她的心底悄然生根。假以时日，小萱这棵幼苗一定会迎风卓立。

如今的小萱就读于国内某知名大学。她常与我联系，每逢教师节，我总会收到她温馨的祝福。后来，她身材日渐苗条，昔日的丑小鸭终于蜕变，成长为一只自信美丽的白天鹅。

阿德勒认为，一个人自卑与否，关键在于他赋予自己怎样的价值。作为社团活动的指导者，应该在培养学生专业技能的同时，关注学生的情绪体验，给学生以积极的情感回应，通过共情与慧心点拨，帮助学生厘清自我意识，形成正确的世界观与价值观，提高应变能力，进而构建健全的人格体系。

我庆幸自己当时的独具慧眼与感同身受，给了"丑小鸭"一个蜕变成长的机会。因为懂得，所以接纳；因为相信，所以欣喜。

（原文发表于《江西教育》2022年第12期）

"怪兽游戏"采访大会

赵淑娜

　　早饭后，小朋友都去洗手间的时候，我隐隐约约听到一个声音，扭头一看，雨辰正用可怜巴巴的眼神望着我。我马上走过去，看到雨辰慢慢伸出的小手上有两道明显的抓痕。"手怎么弄的？"我一边给雨辰涂芦荟胶一边问。"家明挠的。"他带着哭腔说。待我把家明叫了过来，还没等我说话，家明已经"抢答"了："老师，我们在玩游戏，雨辰是怪兽，我是奥特曼，电视上都是奥特曼打怪兽的。"听完后，我决定开一个事态采访大会。

　　问题一："今天，我遇到一个问题，在玩怪兽游戏的时候，如果扮演奥特曼的小朋友真的打了扮演怪兽的小朋友，你们有什么想法吗？"

　　这时，孩子们你一言我一语地说起来了。

　　亚楠说："我不打人，打人不是好孩子。"

　　小涵说："不能打人，因为他是假怪兽，我们其实还是好朋友。"

　　杰说："两个人轮换玩，但是不能打小朋友。"

　　萱大声说："玩游戏的时候，对待小朋友动作要轻轻的。"

　　于是，我趁机问道："家明，你怎么想的？"

家明抬着头说："我以后玩游戏，对待朋友动作要轻轻的，打了'怪兽'，好朋友也会疼的。雨辰，对不起。"

"没关系。"雨辰竟然还害羞地捂上了嘴巴，眼睛眯成了弯弯的月牙。

"现在我给小朋友们分享一个故事吧，它的名字叫《小手不是用来打人的》。不管我们在玩什么游戏的时候，都要记着这个人是你的好朋友，动作要轻轻的。小手不是用来打人的，手是用来帮助人、照顾人的。手是用来保证我们的健康和安全的。它可以做很多好玩的事情。现在，请伸出你的小手，和你旁边的好朋友轻轻地握个手、拥抱一下吧。"

问题二："小朋友们，你们有什么好的办法，在保证不让大家受伤的前提下，让这个游戏更好玩？"

萱兴奋地说："假的怪兽，假的奥特曼，我们可以假装受伤，来玩游戏。"

龙想了一下说："我们可以配上声音，假装奥特曼和怪兽战斗，假装受伤。"

"还可以用玩具当武器，还可以把桌子当成自己战斗的地方。"菲兴奋地补充道。

我接着说："你们都有自己的好办法，真不错。现在，我们去外面找一个可以战斗的地方，找你们的好朋友一起玩这个游戏。记住，心里一定要装着你们的好朋友。"

关于本次事件，我做了以下梳理。

第一，利用身边的资源，帮助孩子认识自己的行为。源于孩子生活经验的积累，很多孩子对奥特曼这个正义的化身充满了期待和崇拜。利用同伴的资源，通过班里其他孩子的发言，家明能认识到打人是不对的。通过给孩子们一个共同讨论、解决问题的契机，孩子们之间能互相帮助解决问题，并且能在讨论后更好地认识这件事，同伴间的相互学习比起教师"一本正经"的说教要事半功倍。

第二，重视仪式感，注意道歉的方法。"仪式感是人们表达内心情感最直接的方式，仪式感也是对生活的重视。"孩子很认真地去道歉，有一定的认识和感触，这也是因为我们重视这个问题。这个问题是需要被关注的，要让孩子明确知道为什么不能这样做，不管在什么时候打人都是不被鼓励的，而且每个人都要为自己的行为负责。

第三，开展家园共育，注意榜样的影响。这一时期的孩子，由于年龄的关系，对事物反应的精确性较差，学龄前儿童无法分清想象和现实，常常会把想象的事物当作现实。像家明这样的孩子出现一些攻击性行为的原因是模仿电视中的一些片段，家长和教师要给孩子多讲、多看一些有教育意义的东西，故事中和实际生活中都有学习的榜样。当孩子在电视上看到打斗的情节后模仿时，我们要及时给予正确的引导。如果家长或老师没有足够重视，当孩子出现打人行为而被大人批评的时候，他的思维就会很混乱，榜样的作用也就微乎其微了。

看过这样一句话："我们的视线和孩子齐平，这个时候我们才能更理解孩子看到了什么，为什么会表现出和我们想象的不一样的行为。"用孩子的方式解决问题，孩子能更好地接受，知道一些事情怎么做才是对的；反之，要承担后果。作为教育工作者，多一些温情，多一些耐心，多一些策略，让事情变得容易起来，扬起笑脸，和孩子们尽享欢悦时光。

（原文发表于《山西教育》2018 年第 7 期）

帮助孩子成为更好的自己

徐小辉

放学了，孩子们陆陆续续离开了教室，我和往常一样站在门口，对整个教室进行全方位的"扫描"，确认没有问题，准备离开。这时，小怡突然出现在我的面前。

"有事吗？"显然，她是在等我。

小怡迎着我的目光，微笑着，有些扭捏地小声说："老师，我能抱抱您吗？"

我有点儿没反应过来，愣了一下。

"老师，很快就要毕业了，我就是想抱抱您。"孩子脸有些红了，又解释了一遍。

下一秒，当我明白过来孩子的意思后，我欢喜地张开双臂对小怡说："当然可以啦！来，抱一抱！"

初夏季节，放学时分，太阳虽西斜欲坠，可天依然亮堂堂的，蓝湛湛的。风里偶尔带来几缕不知名的花香，令人沉醉。我的心一如这五月的黄昏正在浅吟低唱。

我知道一切都源于这个爱的抱抱。

小怡个头不高，身材偏瘦，长相秀气、白净，笑起来眼睛弯弯的，是个很可爱的小姑娘。可跟这柔弱的外表很不相称的是，这孩子实在太懒、太皮了，真是没少让我费心。

记得开学不久，小怡的作业就"偷工减料"。我平心静气抑或大发雷霆，于她而言，基本上都只有两周的"疗效"。而且这个孩子特别能说闲话，前后左右，只要"条件成熟"，她总是能主动开启"谈话模式"，严重干扰班级秩序。无论大批还是小斗，她始终笑意盈盈，不为所动。我的耐心消耗殆尽了。

时间长了，我发觉小怡属于那种比较自负的孩子，学习能力有限，成绩不好，但是很爱美，比较好表现自己。我想，孩子跟孩子是不一样的。也许你越是逼他，越是适得其反；也许你给他一个相对宽松的状态或者说比较合他胃口的方式，是不是会有不同的结果呢？于是，在对待小怡的方式上我做了调整。

原来对小怡，我是直呼其大名；现在我叫她"小怡"。我第一次这么叫的时候，我发现她有些不好意思地笑了，但她的神情告诉我，对这样的称呼她还是很喜欢的。

平时没事时我找她聊几句，时不时夸夸她长得可爱。即使批评她，我也不像以前那样疾言厉色，而是会说："你这么可爱的孩子，不应该犯这样的错误，老师相信以后你一定会做得越来越好的。"我发觉，每次我这样说时，她都听得格外认真。

上课时，只要她举手，我就让她起来回答。答得好就在班上大张旗鼓地表扬她，答得不好也以鼓励为主。小怡每天小测的卷子我都拍照，通过微信传给她的家长。小怡的作业或者纪律有问题，我也会及时地告诉她的家长，让家长随时了解孩子在校的表现。

坚持了一段时间后，孩子的作业基本上能按时完成了，也较能遵守纪律了，成绩也有了一点点提升，我真是替她高兴。

通过小怡的转变，我认识到：人的教育，只能基于他的先天特性，让他拥有更好的可能。所以，我们不是要帮助孩子成为更好的其他人，而是要帮助孩子成为更好的自己。我们为人父母或者为人师者，最难的功课就是去理解孩子。如果你真正理解了孩子，你就不会急于判断，不会过度地焦虑和操控，你就会从接纳开始，陪他一起慢慢成长。

（原文发表于《德育报》2018 年 9 月 10 日）

教育的另一种风景

王迎军

超市入口处有一个私人糕点柜台，我看着喜欢，就点了两个糕点。店主是个年轻的小伙子。我正准备结账时，小伙子迟疑地问："您是老师吧？"我一惊。"您姓王，是王老师吧？"我马上意识到这是我教过的学生，忙点头示意。他有些不好意思地说："老师，我以前学习不好，您都没有印象了吧？那个时候您老盯着我的学习，只是我没学好。"他的语气里有遗憾，也有些许的自责。而我，也无法将眼前的帅小伙子和某个小男生画上等号。寒暄了几句后，我才知道他高职毕业后，自费学习了做蛋糕的手艺，自己开了这家小店，生意也算做得风生水起。

走出超市，我心中不由得感叹时间流逝之快，转眼间已教过20余届学生。说实话，这么多孩子我已经记不得多少姓名和面孔，因为孩子们一天天在成长在变化，而我的记忆力也一天天地在衰退。我相信大多学生不会介意我的健忘，因为在老师心中，最重要的永远都是当下的那一届学生。

如果说我能让他们记住一些什么，一定是曾经给予了他们点滴的帮助和真诚的教导。就像刚才，我能听出他语气里的那份尊重。

能够想象当年为了督促他，肯定没少把他叫到跟前辅导，也许恨铁不成钢，曾狠狠地批评过他；也许是以理服之、以情动之。总之，为了提高他的成绩，我能够尝试的方法都试过，可是他的学习并不好。"成绩好的学生个个相似，成绩差的学生各有各的原因"，也许是智力，也许是基础，也许是方法，最终他没有成为学习上的佼佼者。

可是，那又如何呢？现在的他经营着自己的糕点坊，小家庭建立起来了，小日子也过得有滋有味。他虽不是做着什么轰轰烈烈的大事，但凭借自己勤劳的双手打拼着，不抱怨，不气馁，只是在人群里默默地耕耘生活，也服务着他人。他如同小草，没有大树的伟岸挺拔，不能荫蔽一方天地，但是一株草也有自己的价值，葱绿点缀着大地，释放着自身的能量，尽己所能地护住脚下的土地，坚韧地迎接着生活的风雨，不也成了一道风景吗？

回想教过的学生，成绩不好的何止一个两个？为了提高他们的成绩，我们在教育中有过冷言恶语，有过鄙弃偏袒，可是我们要承认，能够上高中考大学成为顶尖人才的仅仅是一部分孩子，绝大多数孩子都要尽早地踏上社会，成为普通的劳动者。想到这里，我心里不由得问自己：教育到底应该留给学生什么？

知识吗？不。在学校学习的大部分知识只是理论，社会这个大课堂是对每个人的一生开课的，这里的知识只有孩子们躬身实践，在一次次碰壁和摸索后才能化为自己的筋骨，成为孩子们抵御生活风雨的铠甲和武器。

能力吗？不。以计算的能力来说，生活是需要计算能力的，但其实细细思量，一百以内的加减乘除基本上就能满足生活的需要，更何况现在计算器、手机、磅秤早已实现了自动化，再高超的计算能力又有何用？但是教育还是会留下什么的。

留下被尊重的心。也许经过几十次数百次的辅导叮嘱，有些孩子的成绩依然没有起色，但是你的谆谆教导，你的不抛弃不放弃就是最好的礼物，它让孩子感受到了尊重和善待，感受到了来自教育的一颗真心、良心。这会让孩子感受到并不自觉地释放这样的暖意，这是我们这个社会能够不断传递温暖之所在。

留下坚持的心。成绩可以不好，但是绝不可以缺失学习的态度，在每个教师"一个都不能少"的执着背后，其实就是无声地传达给孩子们无论做什么，都要坚持下去。人最可悲的是内心的弃城而逃，因为它会带来人生的溃不成军。而我们要做的就是让每个孩子都有一颗永不言败的心，坚持的其实不仅仅是学习知识的习惯，而且是拥抱这个世界的心气、心情、心态、心量。

留下希望的心。我们的教育就是让每一颗心都跃动起来，让孩子们对人生、对未来充满乐观和信心。课堂上回答问题时的一个激励的眼神，认真书写时的一句肯定的话语，参加比赛彷徨时悄悄竖起的大拇指，又或许只是考试后心情低落时的一次促膝谈心，或是得意时小小的提醒，或是失落时关心的询问……轻言细语里有教育，苦口婆心里是期望，学生听得懂，会明白。

暖阳下是川流不息的人群，脚步或坚定或随意，或匆匆或悠闲。

每个脚步的背后都是一个大家庭。每个人的发展成长都维系着一个家庭甚至一个家族的喜乐憧憬，而我们要做的就是像一个真正的园丁一样，洒下汗水，付出心力，而后静待小草破土舒叶，树木扎根伸枝，花儿吐蕊绽颜。无须揠苗助长，更不必望草成树，就学会安静地等待吧，静待时间酝酿最和美的春意！

（原文发表于《教育文摘周报》2018 年 6 月 13 日）

留住记忆深处的快乐

刘艳霞

我们班又被扣分了，只因教学楼后的几块小石子！

真是奇怪，每次打扫干净后，不出一天又会出现几块小石子。这楼后面除了打扫卫生的孩子，还会有谁去？难道是有人故意捣乱？如果让我逮住，非得好好批评他一顿！

我开始当起"便衣警察"，一下课，就站在走廊的窗边往外看。也许是我打草惊蛇了，一连几节课都没发现什么异样。心生懊恼之际，我无意间往窗外瞥了一眼，竟然发现几个小家伙凑在楼后，正在玩着什么。

哈哈，终于让我逮住了！我迅速下楼，悄悄地走到他们身后，掏出手机打算抓拍一组照片，留下他们捣乱的证据！

当我发现原来他们正聚精会神地玩小石子时，那专注的神情却勾起了我儿时的回忆。

那时，我们的教学条件并不好，教室门口的操场是用泥土铺成的。但每到下课，我们还是迅速地冲到操场上，在尘土飞扬中玩各种游戏：这边三个女生在踢毽子，跳跃的毽子就像小燕子一样在空中快乐地翻跟头；那边五个女生跳皮筋，长长的皮筋随着跳跃不停地变换花样；还有的女生"编花篮"，她们彼此紧挨，把一条腿搭在另一人腿上，边唱着儿歌边朝一个方向转动；更有"马兰花开"、跳大绳、丢沙包……女孩子的游戏多得数不清。

男孩子则喜欢玩战斗味十足的游戏：弹弹球、翻纸牌……胜利的欢呼声与玩耍的嬉笑声充满了整个校园。

现在的孩子生活条件优越，玩的游戏却太少了：课间到楼外上厕所，来回走路少说也得五分钟，再稍微一磨蹭，还没回到教室上课铃声就响了，哪有时间玩？家长又都爱干净，孩子要是玩后脏兮兮地回家，准得挨一顿骂，哪个孩子还敢玩？科技迅猛发展，各种新奇的电子产品层出不穷，还有谁玩那种土得掉渣的老游戏？

没时间玩、不敢玩、不愿意玩，孩子们的童年似乎缺少了什么。虽然他们的生活条件比我们更好，可很难看到他们像我们那样玩得痛快淋漓、开怀大笑！

这一切都不是我愿意看到的。

而今几个小家伙发现这里没人看守，是督导检查的死角，便凑在一起商量如何玩得痛快——可以趴在墙角边，从小洞口看外面的世界；可以匍匐在地，吹起落在地上的小绒毛；可以蹲着，玩几颗小小的石子……那小小的石子承载着他们欢乐的童年，而我却一次又一次地将石子扔掉。

好在他们一次又一次地把小石子找回来，他们让我看到了孩童独特的执着，嗅到了记忆深处的快乐，我又怎么忍心破坏那份快乐呢？

可那烦人的扣分会影响我们班，怎么办呢？

"这小石子玩法可多了！我小时候是这样玩的，我玩给你们看。"我蹲下身拿起小石子玩起来，像变魔术一样让小石子在手中神出鬼没，这引起了他们的惊叹。

"想学吗？"

"想，快教我们吧！"他们兴奋地叫嚷着。

"行，不过你们得答应我的一个小要求，"我故作神秘地招手，示意他们把脑袋凑过来，"很简单。瞧，那边是我们班放卫生工具的地方。你们每次玩好后都把小石子藏在那边的角落里，省得被别人发现了给扔掉，你们还得再费事去找。"

"好！"他们马上同意。

"你们好好玩吧，老师先走了，下次再过来教你们。记得我们的约定哟！"

我走了几步，又回头看了看沉浸在探索小石子新玩法中的他们，我知道无论是否能"解锁"新玩法，他们长大后都会像我一样一直记得儿时那份快乐，这份快乐将始终萦绕在他们身边，再去感染其他人。

我愿化作一片云，遮挡住来自外界的世俗之光，为他们营造一个乐园，只为保留他们内心深处那份最原始的快乐！

（原文发表于《当代教育家》2018 年第 5 期）

另一种花开

杨雪梅

　　当两年的风雨奔波没有为孩子带来任何改变，甚至连抬下眼皮看看我们的反应都没有时，经商议，学校决定同意我们停止对硕的上门送教服务。

　　真的，近来每次登门，孩子的母亲都不好意思孩子放着送教的我们不予理会，专程抽出整个下午陪着。作为老师，我们两个人每次送课前，也都是挖空心思地设计康训方案、寻找心灵唤醒技巧，不可谓不用心。但熬过了一个又一个下午，尝试了一种又一种方法，面对我们，孩子依然是行动上不配合、表情上无反应。

　　硕是一个典型的脑瘫患儿，行动不灵便，要靠别人搀扶才能挪动，同时还伴有自闭倾向。他虽然已经15岁了，却几乎连自家的大门都没迈出过。这样的一个孩子，入校就读是不可能的，于是，每周三的下午，便由我和孙老师负责上门送教。

　　登门前，尽管学校领导再三叮嘱："村里人都说孩子妈妈不是省油的灯，说话做事千万要小心谨慎！"但第一次碰面，母亲的敏感尖刻还是差点儿让我们落荒而逃。"送什么教呀，你们两个就是吃饱了撑的，学校里那么多孩子还不够教的吗？你看看，你看看，这个样子的人你们能把他送上大学吗？"她边拖过一脸茫然跌跌撞撞的孩子边指着大门口说："我们家孩子不正常谁都知道，用不着你们送教，回去吧！"……

后来，每每回想起初次相逢的那一幕，孙老师都感慨道："肯定是你眼疾手快帮孩子擦鼻涕的那个动作让她动容了，不然我们第一次就会被那个泼辣的妈扫地出门。"泼辣吗？也未必。我心里默默地念叨着：若她不能理解我们无所求地上门送教，她内心的脆弱苦痛应该也是我们不能体会的吧！

好在时间可以诠释我们的行动绝对是带着真心与诚意的，好在时间可以慢慢地拉近心与心之间的距离。不知从何时起，硕的母亲待我们越发地亲近起来，远远地带着笑迎上来，或在离开时拉着我们的手唠叨些家长里短，一脸的不舍。

"论起送教，没有人比我俩走得更远吧，也没有人像我俩这样一无所获吧，终于要结束了！对了，你和硕的妈妈说了没？"孙老师带着几许无奈摊了摊手，又急切地追问着。

我摇了摇头，起身走向窗前，想打开窗户换换这一室沉闷的空气，却不承想，换来的是秋风携着几丝冷雨扑面而来。天凉了，第一次走进硕家，也是一个凉凉的秋日。想想那个浑身看似长满坚硬的刺又很快柔软下来的母亲，再想想那个确实需要帮助，又始终面对声声呼唤没有反应、面对次次训练未见成效的孩子……一时间，我竟然不知"停止送教"这句话该怎样说出口。

"丁零零"，一阵急促的电话铃声打断了我凌乱的思绪。"杨老师，请问一下，你们今天还没来是因为下雨了路不好走吗？"是硕的妈妈，声音柔柔的，又怯怯的，似乎带着某种探询。"嗯，那个，这边雨有点儿大，我……"当发现对桌的孙老师盯着我的眼神里全是紧张和严肃时，不知为什么，我竟支吾了起来。

"那就好！老师，雨大就别来了，我们下周见，"对方似乎松了口气，声音也响亮了起来，"老师，昨天硕自己扶着墙去了门口，一直往路上看，今天在炕上也老盯着你们带来的积木呢，这小子虽然又不开口又不配合，但肯定也想着你们该来陪他了……"

沉默！结束了一段长长的通话后，我们两个人就那样长久地沉默着。

"你说，我们真的一无所获吗？换个角度看，家长心扉的打开，孩子微小的反应，是不是也算守来的另一种花开呢？"孙老师率先打破了这份沉默。

是呀，花开千万种，有的浓郁，有的淡雅，有的热烈，有的安静。如硕这般，从长久地沉睡，到慢慢地苏醒，有朝一日也许能缓缓地吐出一抹微红，这又何尝不是另一种花开呢？任何可能开花的蓓蕾，我们都没有放弃的理由！

"下周我还是会去的，你呢？"我轻轻地问。"当然！"她笑答。

那一刻，有一朵花盛开在了我们彼此的眼睛里……

（原文发表于《班主任之友》2018 年第 1 期）

第 六 章

仍会有遗憾

　　有花开的美妙，有成功的欣喜，有
成长的拔节，但同样也会有不完美的
遗憾。记下遗憾，是为了避免更多的遗
憾。我们的教育事业在借鉴同行的智慧
中前行。

杏花如雪，你可安好

刘春平

怀宇是个十分清秀的女孩，脸上永远有着一点儿淡淡的忧伤，记忆中的她好像从来没有开怀大笑过。

清秀的怀宇却是最努力、最勤奋的学生，从初一到初四，基本是年级第一，年级第二的次数都很少。她话不多，但和同学们相处得很好，也是老师最勤快的助手。总之，怀宇是公认的品学兼优的好学生。

但怀宇不是荣成人，她的父母是外来务工者，之所以来这里，也与怀宇有关。

怀宇有个哥哥，按照当时的政策，是不允许生二孩的。据说怀宇的父母正是因此才举家来到了荣成。

外来务工者的生活无疑是艰辛的，怀宇妈妈被艰苦的生活扭曲了心灵，把无处发泄的怨愤都发泄到了无辜的怀宇身上。

从初一开始，我从没有见怀宇穿过一双旅游鞋，永远是最便宜的小白鞋。后来还知道，怀宇从来没有吃过午饭。班主任和同学们不忍心发起了募捐，但怀宇的自尊心太强，最终也没有接受。

幸好学校每年有很多的贫困生资助项目，所以我总是为怀宇申请一份。但为了照顾这个孩子的自尊心，这些贫困生补助，我都是以奖学金的名义发下去的。

原本以为，怀宇至少能够顺利地完成学业，能够顺利地考上大学，然后也能够开启一段属于她的美丽人生。可是一切都在 2008 年 4 月 10 日的那个下午戛然而止了。

下午 2 点左右，派出所的两位民警突然找到我，说："刘主任，你的学生怀宇不在了，按照惯例，我们要做相应的一些调查。"

有好长时间我的大脑一片空白，也不知道该说什么、能说什么，这怎么可能呢？上午我还刚刚见过她，她还笑着说"谢谢老师"呢。

可不幸的是，怀宇真的走了，而且是以一种很决绝、很痛苦的方式走的，她喝下了家里整整两瓶剧毒农药。

在医院里，我再次看见了怀宇。她静静地躺着，看上去好像只是睡着了，没有痛苦，也没有欢乐，脸上依旧是她惯有的那种淡淡的笑。

怀宇留下了遗书，从遗书中我知道了更多的事情，也明白了怀宇走时为何脸上是笑而非痛苦。

怀宇妈妈几乎每天都折磨她，非打即骂，最经常说的一句话是："都是因为你，我才这么不幸，要不我跟着你哥哥早享福了！"出于这样的原因，怀宇才更加努力，希望有一天可以让父母不再因为自己而辛苦，所以即使没有新的衣服、鞋子也没关系，即使中午不吃饭也没有关系，至少她还可以上学，并且将来还可能像哥哥一样通过上学改变自己乃至父母的命运。她也一直觉得，这是她可以实现的美好愿望。虽然怀宇几乎每天晚上都会在被窝里偷偷地哭，但她还是坚持了下来。

只是，这个孩子显然没有想到，等待她的现实，远比她想象的更残酷。

因为超生，她没有报上户口。知道这意味着什么吗？意味着她是当时中国一个"不存在"的活人。在当时，这种情况意味着这个孩子在哪里都没有继续上学的机会，也无从谈起改变命运。也就是说，支撑怀宇坚持下去的希望根本不存在！于她而言，永远不会有上学改变命运的那一天！

冷静的时候，我总想，怀宇原来应该不知道自己是这样一个尴尬的存在。上午她找到我，就是为了特意告诉我她要转学回老家了，因为在荣成她是没法上高中的，她还笑着感谢我四年里对她的帮助。因为她们那届学生我从初一带到初四，和孩子们都很熟悉了。只是因为当时着急开会，我没和她细谈，只告诉了她转学的程序，又简单地聊了几句就匆匆走了。没想到，从此竟成永诀！

回家后的怀宇发生了什么没有人知道，大家再次知道的就是噩耗！

很长一段时间，我都怨责怀宇的父母：既然不能尽到养育的责任，又为什么要生下她？家里并不种庄稼，为何有整整两瓶剧毒农药？无力承担的艰辛，为何要转嫁给一个无辜的孩子？……

许久之后我才明白，怀宇的悲剧其实不仅是一个家庭的悲剧，更是一个时代的悲剧！每个时代的普通生命都有自己必须无奈接受的安排。潜意识里我也会自责，如果那天我不是那么匆忙，如果那天我能和怀宇多聊聊，悲剧能不能避免呢？

怀宇以她如花的生命给了我从此无法忘却的警醒：和孩子们交流，请耐心些，再耐心些！和孩子们相处，请细致些，再细致些！这也许会很辛苦，但总比一个孩子失去生命好！

怀宇家的院墙外有一株很大的杏树。屋外栽杏树，本是祈寓家庭幸福。我不知道15岁的怀宇可曾有过自己的幸福时光！怀宇走时，杏树洁白如雪！

今天恰是4月9日，10年后，杏花依旧如雪花般在风中飘落。我的女孩，在那个无人知道的国度里，愿你能够幸福安好！

（原文发表于《师道》2018年第6期）

孩子，我宁愿与你再也不见

杨雪梅

盛夏的骄阳炙烤着大地，即便行走在树荫下，也有被架上蒸笼般的灼热感火辣袭来。路边一位老人佝偻着身子，吃力地蹬着老旧的三轮车。车后面，满载着捡来的废纸瓶罐，杂乱的车中，露出一张被晒得黝黑发亮的男孩的脸，眉眼与神情似闪电般划过我记忆的闸门，含着遗憾，带着隐痛。

强肯定看到我了，他挣扎着身子想起来，却由于车子行进的惯性跌坐下去。越拉越远的距离中，留下的只有某个瞬间挥在空中的一只手，以及耳畔若有似无的两声呼喊……

"说啥也不上这个破学校了，好学校多的是！"不顾孩子的挣扎和孩子姥姥的百般劝阻，强的母亲疯了一般连拖带拽地带走了他。

我一直以为，孤僻的强现在可能孤单地坐在某个教室的角落，也时常担心：他能适应普校的生活吗？少了针对性的一对一康复训练指导，他的成长会是怎样的呢？

我从没想过，他会与捡废品的外公顶着烈日忙碌于杂物堆中！

我的脚步越发沉重，思绪倒退回五年前。强的母亲牵着瘦弱的强走进我的教室，他先天智力有障碍，再加上一次意外导致双腿受伤，走起路来一脚高一脚低……见我这个班主任痛快地接收了孩子，强的母亲拉着我的手千恩万谢，那时，她的亲密与热情恰似这正午的骄阳，炙热而浓烈！

与班上其他孩子相比，强的智商较高，每节课能接受的知识也更多些，对于好不容易碰到的这个"高才生"，我自然更关注和偏爱。但随着时间的流逝，强身上的缺点也渐渐展露：性格孤僻，粗暴易怒，别人随意的一句话、一个眼神都可能成为他情绪失控的导火索。

凭着多年来与特殊学生相处的经验，我知道这种不合常规的行为背后必定藏着不为人知的成长经历，唯有找到症结所在，才能够帮助他、改变他。

于是，每天清晨打完招呼后，我都试着和强聊聊他回家后的生活；每个课间，我都微笑着鼓励他走出教室，加入同学们的游戏中；每次和家长接触时，我也尽可能把孩子好的表现反馈回去，并试着从他们的回应中捕捉到一些信息……

在强慢慢敞开心扉的过程中，我才知道，他的亲生父亲因车祸离世，继父觉得他是个累赘，不曾给过他好脸色。随着弟弟的出生，母亲也越来越没耐心，动辄打骂，恨不得把他整天扔在姥姥家。就连他的姥姥也不止一次地在我面前叹息："我的女儿我了解，在人前把孩子当成宝，转过身却恨不得送得越远越好……"

现在，没有了父亲的陪伴和母亲的疼惜，新家庭里的爱都集中到了弟弟身上，强脆弱的心灵怎么可能不出问题呢？而我这个班主任，似乎也无力改变太多，只能尽可能多地呵护他、陪伴他，努力让他在集体生活中感受到温暖。他脸上每一次笑意的浮现与伙伴间的互动交流，都让我欣慰于自己尝试的微小力量。

可意外来得猝不及防，几乎将我狠狠地推到了教育生涯的谷底！

那天我刚刚午休结束，一个学生就慌张地跑来，说："杨老师，强在教室里像疯了一样扔东西、打人，您快去看看……"

教室里早已一片狼藉，我冲进门的瞬间，情绪失控的强正抡起板凳朝一个同学的头狠狠地砸去，两位前来陪读的学生家长眼疾手快抓住了凳子，并与我协力将凳子抢了下来。可谁也没有想到，强竟然两步冲到窗子前，一拳砸向玻璃，哗啦一声，血花飞溅。

带着强在医院里全面检查包扎后，从未经过这阵仗的我，手已经抖得拨不出一个电话，同事帮我联系到强的姥姥和妈妈。姥姥先赶了过来，听完事情的来龙去脉后一直安抚我："老师，给您添麻烦了！我们家的孩子我知道，他在家里也是说不定什么时候脾气就上来了，乱砸东西。花了多少钱我给您，还有窗玻璃……"

可话音还未落，另一个高嗓门儿就挤了进来："儿子，你怎么伤成这样了？谁欺负你了？"强的母亲走过来拉着孩子前后左右一番查看。"强的妈妈，事情是这样的，强他……""你闭嘴！"她的怒吼打断了我的话，并转过去问强，"儿子，你脖子后面是谁挠的？这只手受伤了，那只手上也全是抓痕，是谁抓的？"早已安静下来的强怯怯地指着我说："杨老师抓住我的手不让我动！"

"你还是个老师呢，把我儿子弄伤了，告诉你，你得赔，不赔我就去找你们领导，看看你这个老师是怎么虐待学生的！"那一瞬间，我耳朵里全是强的母亲暴跳如雷、不容辩解的指责，是强的姥姥说她"混账"让她闭嘴的愤怒，是医院里许多人说"这个老师道德败坏"的指指点点……六月天里，我竟感受到了三九时节的刺骨冰冷！

"随便你，想告尽管去告！"我心灰意冷地丢下这样一句话，转身就走。身后传来两个陪读家长的声音："如果不是杨老师制止，你儿子现在可能都闹出人命了，你没看见老师的手被你儿子抓得一道道伤吗？""从来没见过你这种原因都搞不清楚就发疯的家长。你告吧，我们都是杨老师的证人，证明你儿子缺乏管教，你这个家长无理取闹！"……

一周后，强的姥姥带着他出现在学校里。强先是不好意思地低着头，但毕竟是个孩子，很快就跑到我面前拉起我的手说："老师，我在家可想你了！"看着他纯真的表情，我的心有些被刺痛：孩子又有何错？他只是一个智力低下又缺乏关爱的孩子。

孩子的姥姥一脸歉意，向我说明了强那天情绪严重失控的原因：前一天晚上，强想妈妈了，就从姥姥家跑回妈妈家，妈妈却冷冷地甩了一句："跟你说过，没事别回来，看了就让人添堵。"强只能三更半夜哭着跑回了姥姥家。

"杨老师，我知道，您可以不管我们的，我也知道您为这孩子付出了很多，强回家一直说杨老师对他特别好，他喜欢学校，喜欢老师，您能不能不和我那个不讲理的女儿一般见识，让强回来上课？"

　　不忍让孩子无处可去，不忍看老人泪眼中的无助，就这样，强又回到了教室。可仅仅上了两节课后，强的母亲就在孩子的哭喊声中和姥姥的劝阻声中将其拽走，去了"多的是"的"好学校"。

　　自那以后，偶尔会听同事说在街上碰到强和捡废品的外公，那时我并不曾多想什么，以为只是外公不放心，他便一起带出去了。直到此刻，看到孩子坐在那辆破旧的三轮车上，我才真的相信：十几岁的强，早已彻底告别学校，拖着残缺的身躯过着近乎流浪的生活。

　　我别过脸，不忍追视那已近消失的丁点儿影迹，任凭眼泪无声滑落：是谁造就了一个身有缺陷、心也不完整的孩子？又是谁造就了一个本可以在教育康复中快乐成长而今却"流离失所"的孩子？

　　在学校教育努力让身体不健全的孩子也能够拥有健全的人生时，家庭教育却没有以它本该有的形象出现。什么时候也能给家长上一堂课？

　　燥热的空气中，"杨老师，杨老师"的呼唤声隐隐浮于耳畔，可是孩子，我真的宁愿与你再也不见，就当你正坐在某个教室的一角，就当你徘徊在同学的身边，就当你拥有了更好的老师、更适合的学校……

（原文发表于《当代教育家》2019 年第 1 期）

那一盆被冷落的吊兰

王 青

外面天气晴朗，教室窗台上的绿植越发葱茏。

你看那盆"小家碧玉"，叶片肥厚圆实，疏密有致。再看那盆多肉植物，不知被谁碰掉了一个米粒大小的叶片，竟然潜滋暗长出许多细白的根须来。这盆芦荟，咦，怎么新长出的叶芽似乎和其他的不一样呀？仔细看，哟，它可能要开花了吧。不好，盆里的土都已经开裂了。虽说芦荟耐旱，可它正处在花期，该给它补点儿水了。

"超，去打点儿水来，浇浇这些小花。"看着早读时心不在焉的超，我提议道。小超本没有在用心学习，听了我的话，拿起水瓶就向洗手间走去。

因为其他的事情，我就没把浇花这件事放在心上。当我再次想起这件事时是半个小时后，我来到前面的图书角找书，看到放在书架上的那盆吊兰。吊兰是一种喜水的植物，有了水，它就鲜活水灵；缺了水，叶片就会打着卷儿，泛着白。

"超，这盆花你浇过了吗？"我指着书架上的吊兰问道。

面对我的询问，超又摆出那副"其奈我何"的架势，眼睛盯着我看，就是不出声。看到超这副样子，我就知道了，他没有给吊兰浇水。每当老师要批评他时，超总是像一只刺猬，将浑身的刺都竖起来。老师苦口婆心地说，他总是摆出一副爱搭不理的样子，任凭老师磨破了嘴皮，他硬是一句话不说，露出一副"夫唯不争，故天下莫能与之争"的不屑神情。他偶尔开口，说的也是"歪理邪说"。教师都了解他的脾气秉性，大多不去招惹他。

"再去打点儿水，浇浇它。"听到我没有批评他，他的脸上闪过一丝不解，怔了一会儿，又一溜烟儿地向洗手间跑去。我看着超的背影，关于超的记忆，浮上了心头。

超的爸爸有严重的家暴倾向，经常打他和妈妈。超做了错事，承认错误，换来的是一顿狠打；不承认，换来的也是一顿狠打。有时爸爸喝了酒或心情不好，也会无缘无故地打超。久而久之，超很少承认错误，大多时候是沉默，甚至是漠视。后来，几经周折，父母离了婚，超跟妈妈生活在一起。一篇日记中，超提到了父母离异后爸爸到他家的情形。每次爸爸的到来都让他胆战心惊，小心翼翼，如临大敌，读他的日记，都让我背后陡生寒意，心有余悸。

一个在这样的家庭里长大的孩子该是多么可怜，多么令人同情。然而，就在几天前，英语老师反映说，英语课上，超总是故意咳嗽，影响其他同学上课。事后我了解到，因为超的英语基础太差，所以英语老师很少提问他，超就认为老师看不起他、不搭理他，就故意捣乱。我何不趁着这个机会好好劝劝他呢？

我正想着，超已拿着水瓶回到了教室。我从他手里接过水瓶，开始浇起吊兰来。我一边浇水，一边装作不经意地说："是不是对这盆花有意见，故意不给它浇水呀！"我明知故问，"你可不能厚此薄彼，你要做到'雨露均沾'，不能让某些花'独享恩宠'。"我幽默地说道。听了我的话，超一下子就乐了起来，扑哧一声笑了出来。"被我猜中了吧？"我故意激他。"不是，我没注意到前面还有这盆花。"他辩解道。"不是故意的呀！看来老师误解你了，这么多的花，而它又单独在书架上，也难怪你会疏忽。"我打理了一下吊兰的叶子，不动声色地说："不过，听你这么一解释，这盆吊兰应该会原谅你的。你说是吗？""我真不是故意的。"超再次强调，脸也因为激动而变得红了。"不过，今天的事儿给老师一个启示，想不想听？"我微笑着注视着超，"老师以后可要尽量'阳光普照，雨露均沾'，可不能因为疏忽而造成偏心了。"

愿我的话语能够融化超心中的坚冰。愿教育者能"阳光普照，雨露均沾"。愿每一株花草都能被阳光照拂，都能被雨露滋润。

（原文发表于《山东教育》2018 年第 7 期）

班主任，你会"听话"吗

徐承龙　　杨雪梅

新年新气象，小别近一个月的孩子们如同春日里冒着芽儿的小草，齐刷刷地亮相校园，带着掩藏不住的欢快与活力。

去往教室的路上，一顶"小黑帽"吸引了我的眼球：小小的身影在走廊里一蹦三跳，嘴里欢快地哼唱着小曲，帽子上两团圆乎乎的小毛球正不安分地上下翻飞……"孩童的世界该是多么美好简单呀，连快乐都可以这么任性地随意播撒！"心底的笑意不自觉地飞上了眼角眉梢，我欢快地追随着前面的"小快乐"！

"老师，我来了，我……"

"嘚瑟什么？会不会好好走路？说过多少次不能在走廊里跑跳，你怎么就是不听话！"随着几声呵斥，那灵动的身影瞬时定了下来，很快孩子便缩着头跟着班主任乖乖地回了教室。

走廊里，我久久回不过神，不知是没适应那几声呵斥带来的出奇安静，还是惦记着小家伙那生生被打断的表达。"老师，我来了，我想你了""我给你拜个年""我假期里做了很多事"……孩子口中的许多可能，此时如同一根刺，别别扭扭地扎进了我的心头。

几年前，自己也是班主任岗位上的一名新兵。那时候，凭着年轻的冲劲和满腔的激情，总是天真地以为看牢了、抓紧了、压住了孩子们，就不可能会有带不好的班。在对孩子们尽乎严苛的高压下，我也确实创造过属于自己的"辉煌"：无论多棘手的班，被我接手后都会很快变得井然有序；无论多顽劣的孩子，在我的手下都可以变成乖孩子……甚至很多时候，遇到调皮捣蛋的孩子，任课老师只要提起我的名字，便如同一把神奇的撒手锏。我以为，之于班级管理，我是成功的。

若不是那一场刻骨铭心的意外，也许至今我仍被困在自我修筑的虚空阁楼里。

"杨老师，你们班的强在操场上和三班一个同学闹着玩儿，结果一言不合就给了人家一拳，那个同学鼻子已经流血了……"时空流转中，一个高年级孩子慌里慌张的报告声打破了那个冬日下午的沉寂。那一瞬，我的心比天气更阴沉，冷着脸"恭候"强的归来。也正是那个下午，在愤怒、斥责、警告中，我的班主任威严第一次受到了强烈的挑战：强的拳头握了又握，终于狠狠地砸在了课桌上，斑斑血痕飞溅的那一幕，令我不得不对这一直引以为傲的严治之道产生了怀疑。

"老师，当时我进教室，是想先向您承认自己打人是不对的，"时隔许久，再次提起那件事时，强开诚布公道，"我打了对方，是因为他说我爸死了。我爸还在，他只是和我妈分开了……"记忆中的片段慢慢拼凑，强踏进教室时那欲言又止的神情也渐渐清晰浮现。"老师，您当时为什么不肯耐心听听我的话呢？"……

"听听我的话！"一个多么简单的要求，又是一个被我忽略了多么久的问题。听见孩子们叽叽喳喳，我从没想过要弄明白他们说了些什么，却总是第一时间厉声制止以维持表面上的安静；看见孩子们追跑打闹，我似乎已全然忘记自己的童年在这疯跑疯闹中获得了多少欢乐，只是一味地以斥责困缚来追求所谓的纪律严明；面对孩子们犯下的错，我只会揪住错的"果"大做文章，却很少探寻错的"因"源于哪里……于是，在那些年里，有了愤怒的强在教室里不计后果的发泄，有了我教过也爱过的孩子们对我敬而远之，更有了本可以温情的师生关系却横亘了些许尴尬。

在后来的教育行旅中，强的话如同一座警钟时时提醒着我。听听孩子的话——面对颗颗童心时便少了些呆板刻薄，多了份温暖柔软；听听孩子的话——面对教育对象时便少了份机械的冰凉，多了些美丽的温情；听听孩子的话——沟通便少了些生涩，多了些顺畅；听听孩子的话——班级管理也才会和谐而灵动……

班主任，你会"听话"吗？

（原文发表于《教育视界》2017 年第 3 期）

你在这面，我却在另一面

姜 燕

细细打量着手中的硬币：一面，大大的数字"1"显示着它的价值；另一面，一朵盛绽的菊花兀自清丽……此时，握在掌心的这枚硬币竟无比灼热，让我的脸颊都感觉火辣辣。

几分钟前，班长敲开了办公室的门，嗫嚅了很久才吐出几句话："老师，其实……其实今天您冤枉小波了，他不是坐不住捣乱，是看见了语文老师的笔被风刮得滚下课桌，想去捡起来的。"临出门前，她又从口袋里掏出了一枚硬币，说："小波捡到的，有的同学说谁捡到就是谁的，可小波非要上交给您……"

新的学期，我放弃了市直学校优越舒适的工作环境，主动请缨来到这所偏远的乡村中学支教。我以为，自己柔软的内心盛放了对教育、对孩子最诚挚的爱，这爱便足以抵御任何风雨的侵袭；我也以为，近20年的班主任历练予我的是包容之心、管理之智，这历练足以让我应对任何偶发的事件和顽劣的孩子。不承想，新学期第一天，仅一个学生就让我心里窝了三把火。

一进教室，我还没来得及开口，一个纸团就飞了过来，弯腰拾起，才发现上面还有一行字："这个新老师，看起来也不怎么样！"

很显然，方向飞偏，纸团飞跑到了我手里。循迹望去，后排一个开学第一天校服就已脏得不像样的男孩，正冲我吐着舌头做着鬼脸，这样的一幕，着实让我心里不痛快。吃完午饭回来后，我发现放在讲桌上的水杯不见了，一番查找，才看到那个男孩正在手里把玩着它，他竟然还毫无愧意地告诉我杯盖一按就能嗖一下弹起来，自己正在研究。眼睁睁看着黢黑的小手摸来蹭去，完全没有归还之意，我心里的火腾地一下就着了……活动课时间，临时开了十几分钟会，教室里已经上演了一场"大闹天宫"，即便我的厉声呵斥压下了整屋的喧闹，却仍压不住"罪魁祸首"的他满脸满眼的亢奋。这个叫小波的男孩，给了我一个并不愉快的支教开端。

我喜欢乡村孩子的单纯质朴，也享受与他们相处时的轻松惬意，但不讲卫生、软硬不吃、随时都能生出"祸端"的小波例外。每天我都会收到其他老师关于他的种种投诉，每周都要处理几次与他有关的纷争，不在教室时，我的心也随时都是提在嗓子眼儿的。小波真是只会惹事。在他的面前，我曾引以为傲的爱心耐心、管理智慧、感化方法完全失灵。

今天上午，第一节课刚下课，语文老师便气呼呼地反映情况："刚叫一个月考不理想的女生出去谈心，教室里有人就不安分了，那个小波猫着腰从后面往前排溜，被我逮个正着。这样的孩子，好像拿着放大镜也找不出优点……"可不，我也曾无数次在心中拿放大镜去审视小波，然后又一次次地叹息：有一种孩子，不是我不爱，好像实在找不出可爱的地方。气不打一处来，我三步并作两步冲进教室，把小波一顿狠批。如果不是临放学前班长为我揭开真相，真不知道我心中的偏见还得持续多久。

心，在对一枚硬币的打量中起起落落。以前，总以为孩子是一张白纸，我在上面涂画了什么，他们就会变成什么样子。遇见小波后，我发现孩子不是一张白纸，他们的成长底色并不是完全任由我来涂画。此时，打量着小波托班长交上来的硬币，回想着那被我和语文老师误解的一幕幕，内心不由得警觉：我对小波的关注和教育分明就像这一枚硬币的两面，近在咫尺，却未曾交会。小波是背面那朵与众不同的花，虽会绽放，但不是在我以为的春天。我是正面显眼的数字"1"，总以为自己才是价值的衡量者与评判者，于是，惯于高高在上……

少了心灵交集，与学生背对背的班级管理怎么可能出现师生相融的和谐场景呢？我更需要做的其实是擦掉固化的印迹，翻转自己，与小波站在相同的那面，共赴这段成长之约。

（原文发表于《中国教师报》2018 年 10 月 24 日）

你骗不过那一颗颗敏感的心

王迎军

下课时，总会有几个孩子走到讲台旁，有时候是来问个小问题，有时候纯粹是为了过来蹭一下。

今天课间，我正埋头批改试卷，小凯走过来，但只是逗留了片刻就转身走开了。过了一会儿他又返回，一副欲言又止的样子。我问他有什么事，他小声却很严肃地问我："老师，你对我有意见吗？你很讨厌我吗？"

我被问得摸不着头脑。小凯聪明又积极，我很喜欢他啊，难道是我不经意的言行给了他这样的错觉？我疑惑地说："没有啊，你怎么会觉得老师讨厌你呢？"

"我最近发现，上课的时候我手举得再高，你都很少让我回答问题，老是让别的同学回答问题。我想你是不是讨厌我，对我有意见了。"

我怕他留下心理阴影，赶忙指着黑板上的小组加分解释："你看，上课时雨慧同学的手都要举到天花板上啦，我挑她回答的次数也只有一次，咱们要把发言的机会留给更多同学，是不是？"

"哦，我知道了！"小凯点点头，脸上马上露出了笑意，连蹦带跳地和同学到走廊上去玩了。

小插曲过去了，我回到办公室继续批改试卷。改到小凯的试卷时，我突然又想起了小凯的问题，不禁扪心自问：真的对小凯没有"特别对待"吗？

细细想来，其实是有的。新学期开学以来，课堂上的小凯一直表现得很积极，每次都是前几个甚至是第一个举手回答问题，自然回答问题的次数就比较多。

可是，渐渐地我也发现，很多次他站起来后并不能立刻回答问题，有时候会说"哦，我想说什么来着，我忘了"，引得同学们哄堂大笑，有时候回答得不着边际，教室里就会有"嘘"声。

一段时间之后，我怀疑小凯只是喜欢课堂上在同学们面前站起来的感觉。男孩子嘛，总是想表现出自己什么都懂、什么都会的样子，想接受同学们羡慕的眼神的"炙烤"，特别是在课堂上。

虽然我也经常提醒小凯要好好思考，但是在我的脑海里，小凯的形象就固化成了回答问题时的不靠谱。因此，难度稍大的问题，我就会忽视小凯的举手，以期少浪费一点儿课堂时间。

但我也不是一直不让他回答问题，其实每节课他都有机会回答问题，有时还不止一两次。我一直觉得自己做得不露痕迹，却没有想到，小凯竟是如此敏感，我的这点儿小心思还是没有逃过他的眼睛，他甚至怀疑我是否讨厌他，对他有意见。

对小凯，我真的没有一丁点儿讨厌的感觉；相反，我欣赏他的倔强，欣赏他的自信，欣赏他的敢于表达。

　　但是，在他表现不尽如人意的地方，我没有更细致地去引导和帮助他，没有停下来给他好好提建议，而是选择了模糊的、只言片语的提醒，选择了回避。就连课间小凯的问题，我其实也没有负责任地思考后再作答，那种看似不伤害对方的回复方式，其实是一种敷衍和推卸。

　　其实，孩子们虽稚嫩，却拥有敏感的心，能敏锐地察觉出人情冷暖，哪怕是被刻意遮挡住的变化。这次的事情也给我敲响了警钟：每一个教育行为都要经得起推敲和质询，因为每一颗心都不容漠视和怠慢，每一个生命都值得庄严对待，倍加呵护。

（原文发表于《当代教育家》2018 年第 8 期）

老师，小心点儿

杨雪梅

"老师，小心点儿！"一张揉得皱巴巴的纸条上嚣张地躺了一行歪歪扭扭的字，纸条夹在讲台上有些凌乱的课本中，一看就是手忙脚乱放进去的。我心里的火噌地一下冒了出来：带了这个班四年，还真是把学生的翅膀都带硬了！

上课铃声响起，我不动声色地打量着。只见孩子们一个个脸色如常，完全看不出什么蛛丝马迹。"让我小心点儿？"到底有多张狂才敢这般威胁老师？

会是谁干的呢？昨天茹因为偷拿同学的零食被我狠批了一顿，可她是班上学习成绩最差的孩子，也不会写几个字呀，应该不是茹。

这周开学第一天，军的妈妈打电话说孩子在家看电视，劝都劝不住，于是我对军好一通说教。可是，军的笔迹从来都工工整整，这不是他的风格。

难道是壮？壮平时毛里毛糙，那满是褶皱的纸条和他课桌里常被揉成一团的本子倒很搭。不过，最近实在太忙，我也没因为什么事批评过他呀！会不会是因为以前我天天唠叨他要收拾好自己的东西？听说他最近还与体育老师顶过几次嘴，这孩子现在叛逆得很……

一个个排查下来，我把目光聚焦到壮的身上。对了，刚才经过他身旁时，我不经意咳嗽了一声，他好像马上抬头看了我一眼，这不是典型的心虚吗？我清了清嗓子，心想这次一定要好好收拾收拾他。

"老师，你小心点儿！"我挪移的脚步还未迈出，一道柔柔怯怯的女声突然在教室另一端响起。我一怔，回转身去，茹正抬头看着我，说："老师，你咳嗽了，多喝点儿水！"她满脸写着担忧。

倏然，有抹近乎恐慌的情绪迅速在我心底蔓延开来："你小心点儿"这句话也可以柔软地述说吗？也可以这样带着感情、溢着温度表达吗？那张纸条会不会是……

"是呀，老师，你要小心点儿！"又一声关照拉回了我的恍惚。"注意休息""老师，你这几天咳得真厉害……"听着尚且稚嫩的声音此起彼伏，似乎有一把火在我的脸上灼烧。刚刚，我做了些什么？打量着一个个学生，分析着一点点线索，甚至前一分钟还在恶狠狠地想着怎样让对方心服口服。此时，面对孩子们的声声叮咛，我竟久久无言以对。

记得在其他场合，我曾不无得意地告诉别人：从事特殊教育，与特殊孩子们朝夕相处，没有人比我更懂他们了！今时今日我才发现，若真的懂他们，就不会用自己久处浮世繁杂多疑的心揣度孩子们的简单与澄澈了。

"老师，我给你留言了，夹在你课本里，你肯定还没看到吧？"

壮有些得意又有些害羞地对我笑着，眸子里闪现着纯稚。幸好，有些话我还没来得及脱口而出；幸好，这童心童言里的真诚还有机会被细心呵护。

记得之前读过一篇文章：主持人问小朋友长大后想做什么。小朋友说要当飞行员。主持人接着问，若有一天飞机引擎熄火了怎么办。小朋友说，自己会先告诉乘客们系好安全带，然后打开降落伞跳出去。这样抛下众人独自"逃走"的做法令众人哗然。可孩子稚嫩的小脸上两行热泪却夺眶而出，他说自己要去拿燃料，还会回来的。世故老成的心，险些将那份初绽的真与善无情地埋没。

其实，所有的伤害与疏离都不是来自万水千山的隔绝，而是源于心与心之间的阻碍。就像刚才那样端着姿态站在孩子们面前的我，险些将这咫尺的心拉得远到天涯。

"真的该'小心'点儿了！"我暗暗地告诫自己。一个人以师者身份自居久了，容易变得自大、盲目。只有摔过跟头，才会真正明白，当命运将我们与孩子们安排在一起时，就意味着：我们要时时都能够俯下腰身，听懂孩子们心灵的言语。

（原文发表于《中国教师报》2018 年 5 月 9 日）

顺应，是最好的成全

刘春平

树才，是我最早的学生，也是让我印象最深刻的一个学生。

树才最典型的性格特征，就是一个字——慢。他学习接受新知识的速度特别慢，在数学的做题环节、语文的背诵环节，这一慢的特征最明显。其他同学做完了十道应用题，可能他还在第一道题上找不到解题要领。其他同学已经背熟了一首古诗，可能他还在前两句上反复记忆。

那时，我刚刚师范毕业，有足够大的工作热情，却没有足够多的工作经验，或者说，那时的我，根本还不懂教育。因此，面对这样的树才，我总是控制不住焦虑，甚至愤怒。为了"逼迫"他抓紧学习，我总是把他的座位安排在教室第一排，这样能够方便我随时站在他的课桌前近距离地督促他，但这样做的效果微乎其微。

终于有一次，看着他如蜗牛般做着已经讲过一遍的题，并且还依旧做错的时候，我的愤怒不可遏制地爆发了，下意识地抬起脚，向树才的小腿踹去。但这一暴力行为最终并没有实现，因为课桌前面小腿的高度处有一根横梁，我气势汹汹地踹过去，没有踹到树才，自己的小腿却狠狠地踹到了横梁上，我的暴力行为让自己受到了严惩，以至于当时我完全顾不上对树才的愤怒，赶紧找了一个没人的角落，捧着小腿大哭了一场。

这一自作自受、自我疗伤的窘事发生后，我放弃了对树才的"追剿"。之后我慢慢发现，其实每一年的学生中都会有与树才相似的学生，有时是男生，有时是女生，他们都被我们统称为"慢性子"。后来我接触了心理学，才知道气质特征中，是有成长缓慢型的。对于这类孩子，我们能做的，也应该做的，就是帮助他们按照自己的速度和节奏，去接受并适应新知识、新事物，而不是粗暴蛮横地驱赶，这就叫作顺应这类孩子的天性。

明白了这些后，我对树才的愧疚，常常啃噬我的良心，小腿上那种锥心的痛，更常常警醒着我。

最近我在读《气质论》一书，对树才这类学生有了更全面的认知。书中斯泰拉·切斯和亚历山大·托马斯依据0～3岁儿童的行为风格，把儿童的气质归纳为九种类型，因为九种类型不会单一地呈现，几种气质类型会以复合的形式显现在同一个儿童身上，所以研究者又按照儿童的行为特征将其分为三大集群——随和儿童、棘手儿童、慢热型儿童。

仔细回想一下，树才，就应该属于慢热型儿童。这类儿童的主要特征是对新刺激物做出程度温和的消极反应，但在不断接触的过程中会缓慢地适应；如果不承受外来压力，这类儿童也会逐渐地显露出平静和积极的兴趣，并能融入环境。也就是说，对于树才这类儿童而言，大人能做的就是创设适合他们的环境，让他们按照自己的速度和节奏，去做他们想做的事情就好，过多的干预反而会干扰他们的思维，人为地给他们造成更多的混乱，反而不利于他们的学习与成长。

我特别喜欢一篇古文《种树郭橐驼传》，它是唐代文学家柳宗元写的一篇讽喻政治的传记文章。文中的郭橐驼，特别擅长种树，他种的树，"无不活，且硕茂、早实（结果）以蕃（多）"。人们询问他种树的经验时，他说，没有别的，种树就是要顺从树的天性，把树栽到适合它生长的土壤中，不要过分关注它，不要过多地干扰它，不要因为爱它反而害了它，它自然就生长得茂盛。

郭橐驼的经验，其实就是顺乎天性。育人，理同种树。

今年的这批学生中，绮豪就是典型的慢热型儿童，即成长缓慢型学生。他的性格中有太多与他的年龄不相符的特点。他的记忆速度很慢，但他自己并不烦躁，也不厌倦，总是按照自己的节奏认真地记忆。他的课堂即时检测情况不是很理想，但阶段评估成绩总是能够超出我对他的预期。吸取了之前的教训，我从不催促他，偶尔经过他身边，我会和他小声地简单说两句；他的书面小测上，偶尔会有一个我手画的不太标准的小笑脸，或者简单的几个鼓励的字，让他知道老师也在关注他，并没有忽略他。而他，也就依旧温和地在自己的轨道上，获得属于自己的成长。

郭橐驼种树，顺应树的天性，不修不剪，让它们在自然的风雨中，成就了枝繁叶茂、果丰实硕的梦想。对于树才、绮豪这类学生，不催不促，不逼不扰，顺应他们的天性，或许也是最好的成全吧！

（原文发表于《教育文摘周报》2019 年 7 月 3 日）

下次是哪次

王凤美

"老师，你什么时候给我带馅饼？"我正在赶往教室上课，被身后追来的鹏喊住。他脸上一丝笑容也没有，严肃地问我。

"过两天吧，下次给你带！"我跟以前一样，从容不迫地笑着回答他。

"下次是哪次？"鹏皱着眉头，眼睛直直地看向我。听到质问，我竟当场怔住了，憋了好久也没说出一个字，再也笑不出来了。最后在清脆的上课铃声中，我仓皇逃跑了。

想来真是惭愧。"下次给你带馅饼"这句话，我已经说了三年。每次都是"下次"，一次都没有实现。今天，鹏发出了这样的"灵魂拷问"后，我终于不能再装聋作哑了。回到办公室，我绞尽脑汁回忆了好久，才记起来我是怎样给孩子画了一张大饼。

那时候，我刚休完产假，正处在工作、家庭不能好好兼顾的焦虑阶段。周六要代班主任，早上到校比较早，来不及吃早饭，我匆匆带着馅饼和牛奶来到教室。趁着学生打扫教室卫生的间隙，我躲在教室一角，狼吞虎咽地啃着冰凉的馅饼。我正吃着，鹏的小脑袋伸了过来。

"老师，你吃的什么？"他瞪着眼睛看向我手中的馅饼。被他这么一问，我以最快的速度咽下口中的食物。自己刚刚狼吞虎咽的样子被孩子看到真是太尴尬了。此时，我真后悔在教室里吃饭。

"老师，馅饼好吃吗？我也想吃。"鹏一点儿都没有感受到我的尴尬，不停地问。

"等下次老师给你带吧！这个馅饼我都咬开了。"我随口回应了鹏。鹏一脸高兴地走了，看来他对这个答案很是满意。

后来，有两三个学期，我都没给鹏所在的班上课，与他的接触自然少了一些。偶尔碰到，他会很热情地跟我打招呼。有时他也会问问我带馅饼了没有，我每次都告诉他"下次吧"。这样的对话，我已经习以为常了。

没想到，今年秋天一开学，鹏就来找我"兴师问罪"了。带着这份愧疚，第二天早上，我给他带来了自己奋斗了一早上做出来的不怎么美味的馅饼。

"好吃吗？"看着鹏吃得津津有味，我问道。

"老师，特别好吃，就是面有点儿硬，馅有点儿咸。"鹏真诚地给予了评价，最后还不忘伸出大拇指称赞。鹏一边吃还一边许诺给我带他们家自己种的花生吃。

一个迟到了三年之久的馅饼，终于以鹏阳光般的笑脸画上了句号。

"下次请你吃饭""下次再聊""下次再说"……生活中很多事情被我们安排在了"下次"，只是很多时候，安排过后就没有了下文。

而学生往往会无条件地信任老师，这是无价的。但如果一次次地用"下次"来搪塞孩子，一定会像我一样，被学生追着"要债"。也许我还是比较幸运的，因为看到了鹏那灿烂的笑脸。

（原文发表于《山东教育》2021 年第 40 期）

那个"笑话"不好笑

杨雪梅

　　每个工作日的清晨，我坐到办公桌前不一会儿，就会听到有人轻轻叩击着窗户并伴随着清脆的问候："老师好！"每每这时，我必定会走到窗前，微笑地看着他，郑重地回应："王越早上好！"这个学生年近20岁了，但举止言谈间仍是一个五六岁的稚嫩小儿。由于工作的特殊性，这样的学生在我的身边并不少见。

　　有人好奇地问："这种孩子一天问候一二十次都不稀奇，应一声就是了，何必特意跑到窗前去？"是呀，单纯的孩子们无论何时何地碰到你，都会向你表达问候。那是他们对老师的信赖与亲近，眼神里也是对被关注的满满渴望。仓促掠过必会留下倍感失落的童心。

　　两年前，就发生过这样的笑话。王越同往常一样，抬起头认真说道："杨老师再见。"天气阴冷，我的心情也并不美好，若有似无地"嗯"了声，依旧步履匆匆。没走出几步，王越用比刚才大几倍的声音对我喊："杨老师，你还没有和我说再见呢！"我一时愣在那里，路过的同事已笑得直不起腰。这件事，被大家当作笑话津津乐道了好久。

　　现在想来，那个曾经的"笑话"一点儿也不好笑。孩子那原本善良美好的特质就在我们不屑地将它当成"笑话"时，被践踏了。很多时候，我们以为轰轰烈烈、花样百出地把教科书上的死知识教给孩子才是教育；但其实，教育的本真就是珍视、保护和开发童心。若读不懂童心里深藏的美好，看不明白孩子眼神里满满的热忱，就会造成孩子心理营养的缺失，孩子原来健康纯美的心灵就很可能生病！

不好笑的"笑话"是我教育之旅中深有触痛的遗憾，遗憾那天不曾怀着一颗柔软的心与孩子欢喜道别。但又要感谢那份遗憾，它让我避免了更多的遗憾，让我学会了在任何时候都要给孩子们的心灵以温暖的陪伴，让所有的跋涉不再孤独，让所有的呼喊都有回音，让所有的美好都有赞赏的目光追随……

（原文发表于《当代教育家》2016 年第 5 期）

后记

众人拾柴，方能燃起成长的燎原之火

　　威海教育名家雪梅班主任工作室成长书系全部交稿后，如同审视着一颗历经了漫长时光孕育才终于萌芽的种子一般，我竟喜极而泣。真的，有什么能比得上一路耕耘一路收获这种踏实的体验更令人幸福和感动呢！

　　围绕着新班接手后的建设行动、家校共育的力量凝聚、学生成长的心灵关照、班级故事的意蕴解读、班主任的成长突围这五个层面，工作室三年多的研究成果终于能够以一种相对系统的方式被细细梳理和呈现。我们的初衷很简单，希望能为有带班困惑的老师提供一些方法上的借鉴，希望能为渴望成长和突破的班主任提供一些行动上的参照，希望能为卓越班主任共同体的发展提供些许启迪，最终让班主任这个群体中成长的星星之火慢慢引发燎原之势。

　　任何一件事，想总是容易的，难的是付诸行动的过程，我们这套书的梳理亦是如此。要把近千万字的发表成果汇总起来，全面审视后再分门别类地整理、精选，形成一本本的著作，这件事相当耗费时间和心力，绝非凭几人之力所能完成的。

幸运的是，这一庞大的工程得到了很多领导、老师的大力支持和全情参与。在整套书的策划中，威海市教育教学研究院教师发展研究室的温勇主任对于书系该如何进行系统构建、每本书该如何贴近一线班主任的发展需求来选材布局等都给予了全程的跟进指导。他高屋建瓴的专业引领和无时无刻不在的关心是我编著过程中最大的行动底气。由于工作室全体成员在持续进行着叙事德育模式的实践和研究，已经无暇分身，因此雪梅班主任工作室的"编外"成员王迎军、卢桂芳、李楠、李竺姿等老师牺牲了大量业余时间，承担了各本书稿的选编工作。他们担得起、想得细、行得勤的参与姿态是我编著行动中最强大的人力支持。书稿的审核和校对工作千头万绪，雪梅读写团队的刘艳霞、韩艳颖、车英等十多位老师主动请缨，让我拥有了虽工作烦琐却能从容应对的状态。他们积极参与的热情，给了我把这套书做细、做好的信心。我所在的工作单位荣成市教育教学研究中心的各位领导，在做工作安排时总尽可能地保障我可以把主要精力投入工作室建设和班主任专业成长引领上来，这份支持和包容让我有了把工作室研究做专、做精的可能，他们永远是我研究之路上最坚实的后盾……如果说，雪梅班主任工作室三年以来还算是交出了令人满意的答卷，那么众人"拾柴"，才是每一份成长启动的力量源泉。

　　我不是一个善于表达情感的人，更何况，那些或静默或热烈的支持与鼓励，更像是一群有着共同教育追求的人不断为一点星星之火添加燃料的过程，更像是众人拾柴燃起高高火焰的过程，大家的所有奔赴无非是为了成长——学生的成长，教师的成长，以及教育的成长。由此来看，追寻成长是每一个心怀教育的人的共同方向，简单的"谢谢"二字显然已无法诠释我内心复杂的情感。

　　"就这样做一个生命有光的人吧。让我们先相互点燃，再去映照更多成长的美好！"我对自己说，对一路与我同行、一路予我帮携鼓励的教育人说，也对每一位阅读雪梅班主任成长书系的老师说。我所有的教育追求和情感，唯此而已！

雪　梅

2023 年 3 月 8 日